Entdecken Sie die Azoren!

Tupfen im Atlantik – eine Harmonie von Farben und Formen

Neun kleine Punkte mitten im großen Atlantik, weitab vom portugiesischen Festland – ein allumspannendes Meer, welches manchmal sanft die Inseln umspült, manchmal mit tosender Kraft gegen die Küsten schlägt: Es geht und kommt immer wieder zurück, wie ein azoreanisches Sprichwort sagt. Die Azoren, das sind weiche Hügel, saftige Weiden, beeindruckende Krater, die zum Träumen verführen, das sind Kühe, die in dieser lieblichen Landschaft wie Spielzeugtiere aussehen, das sind schroffe Steilküsten und romantische Buchten. Azoren, das bedeutet auch Strände und einladende Badestellen, glasklares Wasser, in dem sich bei ruhiger See jeder kleine Fels vom Untergrund abzeichnet. Und wer könnte sie vergessen, die unzähligen, überall präsenten Hortensienhecken.

Der Archipel der Azoren besteht aus neun Inseln und acht unbewohnten Felseilanden, den Formigas nordöstlich von Santa Maria. Die Inseln unterteilen sich

Auf dem großen Atlantik sorgen die Azoren für Orientierung

geographisch in drei Gruppen: die Ostgruppe *(grupo oriental)* mit Santa Maria und São Miguel, die Mittelgruppe *(grupo central)* mit Faial, Pico, São Jorge, Terceira und Graciosa und die Westgruppe *(grupo ocidental)* mit Flores und Corvo. Die östlichste Insel ist Santa Maria, rund 1500 Kilometer von Lissabon entfernt. Mehr als 600 Kilometer weiter westlich befindet sich Flores, fast so weit vom europäischen Festland entfernt wie von Neufundland auf dem amerikanischen Kontinent. Alle Inseln zusammen haben eine Fläche von 2333 Quadratkilometern; ungefähr 240 000 Azoreaner haben sich ganz unterschiedlich auf die Inseln verteilt. Während auf der kleinsten, Corvo, etwa 370 Menschen wohnen, weist die größte Insel, São Miguel, eine Bevölkerungszahl von über 125 000 auf.

Die Azoren sind immer noch Inseln zum Entdecken, Inseln, die Geheimnisse und Eigenheiten bewahren. Hier wird jeder Tourist, der den großen Sprung über den Atlantik macht, freundlich und herzlich empfangen. Hier findet bis heute jeder Gast eine unverfälschte Natürlichkeit vor, sowohl bei den Menschen als auch auf den Inseln selbst. Die Azoreaner sind Menschen, deren Liebreiz und Freundlichkeit man erst einmal verstehen muß, deren Hilfsbereitschaft noch echt ist. Sie wurden geprägt von der Isolation, vom Kommen und Gehen des Meeres, von der Landschaft, die immer wieder durch unvorhergesehene Ereignisse wie Vulkanausbrüche und Erdbeben verändert wird. Und die Menschen werden vielleicht auch vom Klima geprägt. Einem Klima, das dem riesigen Atlantik entspringt.

Über das ganze Jahr betrachtet, ist es ausgeglichen. Die Sommer sind nicht zu heiß, selten klettert das Thermometer über 26 Grad, die Sonne kann allerdings stechen, und die hohe Luftfeuchtigkeit tut ein übriges. Die Winter sind nicht besonders kalt, auch in diesen Monaten kann man in den Straßencafés sitzen. Es gibt Novembertage, die sind so schön wie ein mitteleuropäischer Spätsommer; es gibt Januartage, da fühlt man sich in den Mai versetzt. Und es gibt Regengüsse, auch im Sommer, daß man meint, die Welt gehe unter, aber nach manchmal nur wenigen Minuten reißt das Dunkel des Himmels auf, und die Sonne sendet ihre lieblichsten Strahlen, als ob nichts gewesen wäre. Vier Jahreszeiten an einem Tag gibt es hier, sagen die Einheimischen gerne – und lachen, auch wenn es regnet, denn sie wissen ja, wie schnell das schlechte Wetter fortzieht.

Die Azoreaner scheinen ständig Zeit zu haben. Man hat Zeit am Flughafen, man hat Zeit im Hotel, man hat Zeit für einen Café, für ein Schwätzchen, für den Nachbarn, die Freunde, die Familie. Man hat Zeit, in irgendeiner Schlange zu stehen und in Ruhe mitzuerleben, wie der Angestellte hinterm Schalter geduldig seinem Gegenüber etwas genau erklärt: wie ein Formular auszufüllen ist, die Taktik des hiesigen Fußballvereins beim nächsten Heimspiel, familiäre Angelegenheiten.

Die Inseln sind erstaunlich verschieden. Sicher, jede ist vulkanischen Ursprungs, wenn auch unterschiedlichen Alters, doch niemand kann sagen: Ich kenne eine, also kenne ich alle Inseln dieses Archipels. Selbst die Eigenheiten der Sprache scheinen die Atlantikwellen durcheinandergewirbelt zu haben, um sie danach an das Ufer der jeweiligen Inseln verschiedenartig anzuspülen. Die meisten Touristen landen zunächst auf dem Flughafen von Ponta Delgada: Hauptstadt von São Miguel und größte Stadt auf der größten Insel. Auf São Miguel erwarten die Besucher, neben vielen kleinen, drei große Kraterseen, die, eingebettet in saftiges Grün, eine unglaubliche Ruhe ausstrahlen. Im Gebiet der heißen Quellen von Furnas ist die Kraft des Erdinneren hautnah. An dunklen Lavasandstränden läßt es sich wunderbar entspannen. An klaren Tagen sieht man Santa Maria. Diese Insel ist die einzige Azoren-Insel mit hellen Sandstränden. Ein Flug mit der Propellermaschine von 150 Kilometern bringt die Besucher von São Miguel nach Terceira, auf die drittgrößte Insel. Deren Hauptstadt Angra do Heroísmo wurde 1983 von der Unesco zum Weltkulturgut erklärt und war früher sogar, wenn auch nur kurze Zeit, Hauptstadt Portugals. Von hier kann man die Umrisse der Nachbarinseln Graciosa und São Jorge erkennen und manchmal auch die östliche Spitze der Insel Pico. Zu den Besonderheiten *Graciosas* gehören die weißen Windmühlen, ein unterirdischer Kratersee und der gute Wein. *São Jorge,* ein schmaler Hügelzug im Atlantik, bietet faszinierende Steilküsten – und einen berühmten Käse. Per Boot geht es von São Jorge hinüber zur Nachbarinsel *Pico.* Auf der Fahrt zieht der schon von weitem sichtbare gleichnamige Berg den Blick auf sich. Mit 2351 Metern ist er der höchste Berg Portugals. Auf der Insel Pico lassen die vielen schwarzen Steinmauern erahnen, wie mühselig es ist, das Land zu bebauen und hier einen gleichfalls ausgezeichneten Wein zu produzieren. Von Pico aus fährt ein Boot mehrmals täglich zur großen Schwester, der Insel *Faial.* Hier nimmt einen gleich der berühmte Yachthafen gefangen. Horta auf Faial ist nicht nur Treffpunkt der Weltumsegler, sondern auch Sitz des Parlaments. Die Schönheit des Kraters steht im Kontrast zu der durch ihre Kargheit beeindruckende, mondähnliche Landschaft von Capelinhos, die erst durch den letzten Vulkanausbruch 1957/58 entstanden ist. Und noch immer bleiben zwei Inseln zu entdecken. Einen zirka fünfzigminütigen Flug entfernt liegt *Flores* mit sieben Kraterseen in einer einmaligen Landschaft und mit Dörfern, in denen die Zeit vor einigen Jahrzehnten stehengeblieben zu sein scheint. Wäre da nicht die kleine Nachbarinsel *Corvo,* könnte man fast vergessen, daß es noch eine Welt da draußen gibt.

Fischer in Madalena auf Pico

Die Corviten haben sich auf dem einzigen ebenen Stück der Insel eingerichtet, das die Urväter Vila Nova (Neue Stadt) tauften. Der Faszination des Kraters von Corvo kann sich wohl niemand entziehen.

Die Azoren wurden vor Millionen von Jahren aus der Tiefe des Meeres durch Vulkane geformt, die Lava und Asche ausschütteten und schließlich an die Oberfläche drangen. Diese schwarzen und grauen Hügel wurden von Erde und Pflanzensamen bedeckt. Schließlich kamen auch die ersten Amphibien und Vögel. Es vergingen viele Jahrtausende, und immer noch wußte niemand von der Existenz dieser Inseln. Die hübsche Legende vom versunkenen Kontinent Atlantis paßt zwar zu den hinreißenden Inseln, ist geologisch gesehen jedoch nicht zu halten, da auch Santa Maria, abgesehen von sedimentären Ablagerungen, vulkanischen Ursprungs ist und erdgeschichtlich jung. Irgendwann näherten sich aber doch Karavellen diesen Tupfen im Weltmeer. Es scheint so, daß Heinrich der Seefahrer (1394–1460), Sohn des berühmten portugiesischen Königs D. João I., schon Kenntnis hatte von einigen »verlorenen Inseln« im Atlantik. Er schickte seine Schiffe los, die versteckten Inseln zu entdecken. Tatsächlich tauchen die Inseln, die heute den Namen Azoren tragen, schon auf italienischen Seekarten und anderen Dokumenten des 13. und 14. Jhs. auf. Doch wie dem auch sei, kein Volk vor den Portugiesen hatte allem Anschein nach Interesse, diese Inseln nun wirklich zu erforschen und in Besitz zu nehmen, denn jene fanden die Inseln unbesiedelt vor. So wird die offizielle Entdeckung heute den Portugiesen zugeschrieben.

Es muß wohl 1427 gewesen sein, als sich Diogo de Silves aufmachte, endlich das Geheimnis um die Eilande zu lüften. Er sichtete die Insel, die heute den Namen Santa Maria trägt. Jahre später wurde Gonçalo Velho Cabral von Heinrich dem Seefahrer auf die Reise geschickt. Er ging am 15. August 1432, an Mariä Himmelfahrt, auf der kleinen Insel an Land und benannte diese nach eben dem Tag Santa Maria. Einige Zeit später segelte er wieder nach Santa Maria, diesmal mit dem Auftrag Heinrich des Seefahrers, Vieh auszusetzen. Falls die Tiere auf der Insel überlebten, sollten auch Menschen dort siedeln können. So geschah es dann auch, die Tiere gediehen prächtig, und im Jahre 1439 gingen die ersten Siedler auf Santa Maria an Land, hauptsächlich von der Algarve und von Madeira kommend. Von dort aus wurde eine weitere Insel gesichtet, das heutige São Miguel. Wahrschein-

lich 1444, aber sicher an einem 8. Mai, dem Tag des Erzengels Michael, gingen die ersten Siedler dort an Land und benannten die Insel nach dem Erzengel São Miguel und den Boden, den sie betraten, Povoação, was schlicht und einfach Ortschaft heißt. Es mögen wohl Jahre vergangen sein, bis man die dritte Insel entdeckte, Terceira (die Dritte), und von dort aus die anderen Inseln der Mittelgruppe. Erst 1452 gelangte Diogo de Teive auf die Inseln Flores und Corvo, und so wurden alle neun Inseln schließlich von den Portugiesen verzeichnet und in Besitz genommen.

Daß die Inselgruppe Azoren heißt, ist eigentlich ein Versehen: Die Siedler sahen auf allen Inseln Raubvögel, die sie für Habichte hielten, und so gaben sie den Inseln den Namen Habichtsinseln (port.: *ilhas dos açores*). Nur waren es, und sind es bis heute, Mäusebussarde, die in elegantem Flug über den Inseln schweben. Zum Glück ist der zwar irrtümliche, aber schöne Name Açores geblieben, denn Bussard heißt auf portugiesisch weit weniger melodisch *milhafre*.

Der König von Portugal schenkte das Land Heinrich dem Seefahrer, der es jedoch nicht selber verwalten konnte, lebte er doch auf dem Kontinent. Es wurden sogenannte Donatskapitäne entsandt, um die Inseln zu verwalten. Immer mehr Siedler kamen, in der Mehrzahl Portugiesen, doch auch Flamen, Bretonen, Spanier und Mauren, um diese fruchtbaren und vom Klima begünstigten Eilande zu bevölkern, und so begann also die Geschichte des Volks der Azoreaner.

Geschichtstabelle

1427
Mit Diogo de Silves entdecken die Portugiesen Santa Maria

1580
Der spanische König Philipp II. übernimmt die Herrschaft über Portugal. Er wird auf den Azoren nur teilweise, auf Terceira gar nicht anerkannt

1581
Spanische Truppen werden in der Schlacht von Salga auf Terceira mit Hilfe von Stieren geschlagen. Terceira bleibt einzige portugiesische Enklave

1582
Der gestürzte portugiesische König António landet auf São Miguel und bringt große Teile der Bevölkerung auch dieser Insel hinter sich. Er wird von spanischen Truppen auf See geschlagen, worauf die Spanier seine Anhänger auf São Miguel erhängen

1583
Terceira muß sich den Spaniern unterwerfen

1640
Die spanische Herrschaft in Portugal wird beendet

1694
Das azoreanische Volk erhebt sich mit Erfolg gegen Lissabon

1826
Im Zuge der Liberalisierung in Portugal kommt es zum Thronfolgestreit der Söhne von João VI. Während das Festland dem konservativen Miguel die Treue hält, unterstützen die Azoren, allen voran Terceira, die Liberalen mit ihrem Anführer Pedro

1829
Vor Vila da Praia auf Terceira werden die konservativen portugiesischen Truppen vernichtend geschlagen. Diese Schlacht von Praia löst den Siegeszug des Liberalismus in Portugal unter Pedro IV. aus

1846
Eröffnung der Schiffahrtslinie zwischen Lissabon und den Azoren

1893
Verlegung des ersten Unterwasserkabels Europa–Faial–Amerika

1916
Einrichtung eines Militärstützpunktes der USA auf den Azoren

1926
Die zunehmende Armut auf den Azoren verstärkt die Auswanderung nach Amerika

1939
Die Lufthansa fliegt mit Zwischenstopp vor Horta nach Amerika

1946
Die Alliierten nutzen Lajes/Terceira als Luftwaffenstützpunkt

1976
Die Azoren bekommen die Autonomierechte

1996
Nach 20 Jahren wird die sozialdemokratische PSD-Regierung von den Sozialisten abgelöst

Tee und Tabak, Wale und Vulkane

Das Azorenhoch kennt jeder, es gibt aber noch mehr Wissenswertes über die Inseln

Ananas

Die Königin der Früchte, wie sie auch genannt wird, kam im 19. Jh. zunächst als Zierpflanze nach São Miguel und wird dort bis heute in nur von natürlicher Sonnenwärme beheizten Treibhäusern gezogen. Jede Pflanze wird 18 Monate gehegt und gepflegt, gegossen, geschnitten, umgesetzt. Das Ergebnis ist eine Ananas, die wegen ihres weichen und süßen Fruchtfleisches als die beste Ananas der Welt gepriesen wird.

Autonomie

Die Azoren haben seit 1976 den Status einer autonomen Region. Sie haben ihre eigene Regierung, deren Präsident in Ponta Delgada auf São Miguel residiert. Das Parlament tagt jedoch in Horta auf Faial, es wird alle vier Jahre neu gewählt. Jede Insel stellt mindestens zwei Abgeordnete, zusätzlich kommt je 6000 Ew. noch ein Gesandter hinzu. Eine Art Schiedsgericht, ein von der Regierung Portugals eingesetzter Staatsangestellter, sitzt – bis heute umstritten – auf Terceira. Auch wenn sich die Azoreaner nicht gerne vom Festland, das sie *continente* (Kontinent) nennen, etwas diktieren lassen, finanziell sind sie stark von Lissabon abhängig. Die azoreanische Flagge ist blau-weiß und zeigt über dem *açor,* dem namengebenden Habicht, neun Sterne als Symbole für die Inseln. Sie darf jedoch nur gemeinsam mit dem portugiesischen Banner wehen.

Emigration

Naturkatastrophen, Hunger und Armut trieben die Azoreaner immer wieder in die Ferne. Und Ferne bedeutet Amerika und Kanada, nicht etwa Lissabon. So kommt es, daß in diesen beiden Ländern rund eine Million Azoreaner lebt. Viele kommen nach einigen Jahren Arbeit wieder zurück, mit amerikanischem Dialekt, Schirmmütze und Dollars in der Tasche, um sich zum Beispiel ein Taxi zu kaufen oder ein Restaurant aufzumachen. In den neunziger Jahren scheint der Auswanderungsdrang jedoch eingedämmt zu sein.

In den Gewächshäusern auf São Miguel gedeihen Ananas unabhängig von der Jahreszeit

Fauna

Wilde Tiere sind nicht zu erwarten. Auch brauchen Sie keine Angst zu haben, auf Schlangen oder Skorpione zu stoßen. Kleine Echsen fühlen sich auf den schwarzen Lavasteinen wohl, Kaninchen huschen über die Feldwege, in manchen Jahren werden sie freilich zu einer wahren Plage für die Landwirtschaft. An Kleinnagern trifft man vereinzelt Mäuse und hin und wieder einmal einen Marder oder Igel. Den schwingenden Flug der Bussarde kann man auf allen Inseln bewundern. Seltener ist der Flug der Schwarzschnabelsturmtaucher zu beobachten, doch die azoreanischen Sommernächte werden hauptsächlich in Küstennähe vom Geschrei dieser nachtaktiven Vögel, deren portugiesischer Name *cagarro* ist, begleitet. Der Priolo, eine Unterart des Gimpels, die nur auf den Azoren vorkommt, ist inzwischen auf den Inseln geschützt. Zudem sieht man noch den Sturmtaucher, die Gebirgsstelze, den Girlitz, eine kleine Art des Kanarienvogels, die Mönchsgrasmücke, den Buchfink, das Rotkehlchen und natürlich die allgegenwärtigen Möwen.

Flora

Die Azoren schimmern das ganze Jahr über in den unterschiedlichsten Grüntönen. Die Augenweide wird noch schöner durch die zahlreichen blühenden Pflanzen. Hierzu zählt natürlich die Symbolpflanze, die Hortensie. Kilometerlange Hecken ziehen sich durch die Landschaft, oft in kräftigem Blau, aber auch weiß und lilafarben, entweder mit großen, halbkugeligen Blütenständen oder in der Art der flachen Tellerhortensie. In den Monaten Juni bis September kann man sich nicht satt sehen an diesen oft übermannshohen Büschen, die, aus Japan eingeführt, hier einen idealen Nährboden finden. Neben dieser Hortensienpracht bezaubern die rosa-, rot-, weiß- und sogar gelbblühenden Azaleen, besonders im Tal von Furnas. Hinzu kommen unter anderen riesige Kamelienbüsche, die man eher als Bäume bezeichnen kann, wildblühende Callas, das indische Blumenrohr (Canna) und viele Lilienarten, die am Wegesrand, auf den Wiesen und in den Gärten zu bewundern sind. Im September fällt die Belladonnalilie auf, die auf São Miguel den schönen Namen *Meninas que vão para a escola* (Mädchen, die zur Schule gehen) trägt, da sie rosablühend den Mädchen zuwinkt, die im September wieder zur Schule müssen. Dann blühen auch die Conteiras, eine aus dem Himalaja ursprünglich als Zierpflanze eingeführte Art von wildem Ingwer. Dessen zwanzig bis dreißig Zentimer lange Ährenblüten lassen zwar große Teile der Inseln gelborange schimmern, weil er sich wuchernd ausbreitet, stellt er aber gleichzeitig eine wahre Bedrohung für die einheimische Pflanzenwelt dar.

Zu den auffallenden Bäumen zählen die Japanische Sicheltanne (Cryptomeria), die in großen Flächen als Nutzholz angepflanzt wird, und die gleichmäßig wachsende Araukarie aus der Familie der Andentanne. Auch Drachenbäume und unterschiedliche Arten von Palmen wachsen auf den Inseln. Vielerlei Farne bis hin zu

Baumfarnen und viele Moosarten sowie die charakteristische Baumheide, der einheimische Lorbeer und der Wacholder begrünen außerdem die Natur.

Klima

Vielen Europäern sind die Azoren nur bekannt aus dem Begriff Azorenhoch, das sich über dem Archipel bildet und oft das Wetter in Mitteleuropa bestimmt. Das Klima der Azoren kann als ausgeglichen bezeichnet werden, was schon daran zu sehen ist, daß es hier nicht üblich ist, eine Heizung im Haus zu haben. Der Regen fällt besonders in den Monaten Dezember bis März/April. Selten gibt es einen völlig verregneten Tag. Wind bläst zu jeder Jahreszeit, während Nebel häufig im April und Mai auftritt und sogar noch die ersten Junitage trüben kann. In den Sommermonaten kühlt es sich auch nachts nicht merklich ab. Spätsommerliche Tage ziehen sich bis in den November hinein. Übrigens muß nicht auf der ganzen Insel das gleiche Wetter herrschen. Wenn es an einer Küste bedeckt ist, kann die andere von der Sonne beschienen werden. Man muß eben auf fast alles gefaßt sein.

Religion

Der überwiegende Teil (97 %) der Bevölkerung ist katholisch und tief gläubig. Nur diese tiefe Gläubigkeit konnte über die Trauer und das Unverständnis über immer wieder hereinbrechende Naturkatastrophen hinweghelfen. Nach solchen Unglücken wurden ganz bestimmte religiöse Bräuche ins Leben gerufen wie der Pilgergang der Romeiros nach dem schweren Erdbeben und der Pest im 16. Jh. auf São Miguel. Viele Häuser zeigen über dem Eingang ein Kachelbild mit einem Heiligen, der das jeweilige Haus und dessen Bewohner beschützen soll.

Sprache

Natürlich, es wird Portugiesisch gesprochen, aber verzweifeln Sie nicht, falls Sie sich mit den mühsam angelernten Grundkenntnissen doch nicht leicht verständlich machen können. Die Sprache ist teilweise stark vom Insulanerdialekt eingefärbt. Besonders São Miguel ist berühmt-berüchtigt für einen auf dem Festland fast unverständlichen Dialekt, nur hier hat die portugiesische Sprache Ö- und Ü-Laute, die vermutlich von den ersten Siedlern aus dem französischen Sprachraum mit herübergebracht wurden. Doch durch die Emigration nach Amerika und Kanada sprechen viele Azoreaner Englisch und wenden dies auch gerne an.

Stierkampf

Auf Terceira werden im Sommer mit Begeisterung verschiedene Arten von Stierkämpfen veranstaltet, eines ist allen gemein, der Stier wird nicht getötet. Die größte Anziehungskraft haben die *touradas à corda,* die Stierkämpfe am Strick. Manchmal fragt man sich, was wichtiger ist: das Zusammentreffen, das Sehen- und Gesehenwerden, das Essen und Trinken oder das eigentliche Treiben des Stieres durch den mit Barrikaden verkleideten Straßenzug. Die Zuschauer stehen am Rand, die Straße gehört dem Stier, der von sieben weißgekleideten Herren

Bei einer tourada à corda hat die ganze Bevölkerung von Terceira viel Spaß

an einem langen Strick dirigiert wird, während einige andere mutige Herren vor oder hinter dem Stier herlaufen, manche reizen ihn mit Tüchern oder Regenschirmen.

Tabak

Auf São Miguel wird Tabak angebaut. Zwei Tabakfabriken stellen sowohl Zigaretten als auch noch handgedrehte Zigarren her. Auf den Inseln gibt es nur Tabakwaren eigener Produktion, diese jedoch in allen Stärken und Arten. Die Packung der Sorte Boa Viagem (Gute Reise) ist besonders hübsch. Auf ihr sind die Inseln im blau-weiß wogenden Meer dargestellt.

Tee

Es mag erstaunen, aber es wird Tee angebaut, der hier in der einzigen Teefabrik Europas auch verarbeitet und verpackt wird. Seit Anfang des 19. Jhs. kultiviert man auf den Azoren diese aromatische Pflanze. An der Nordküste São Miguels in der Nähe von *Maia* ziehen sich die Büsche

gleichmäßig den Hang hinauf, gepflückt werden die Blätter noch zum größten Teil von Hand. Die Blätter werden in der Teefabrik von *Gorreana* angetrocknet, aufgerieben, fermentiert (zumindest der Schwarztee), getrocknet und schließlich von Hand sorgsam aussortiert und verpackt. Früher gab es mehrere Teefabriken auf der Insel, übrig geblieben ist nur noch die der Familie Hintze, die sowohl Schwarztee als auch den unfermentierten Grünen Tee produziert.

Vulkanismus

Alle Inseln der Azoren sind vulkanischen Ursprungs und eigentlich die nur in bescheidenem Ausmaß über den Meeresspiegel ragenden Gipfel einer riesigen submarinen Gebirgskette, des Mittelatlantischen Rückens. Tief unterhalb der Azoren driften drei geologische Platten gegeneinander, die Afrikanische, Amerikanische und Eurasische. Und ebendiese empfindlichen Stellen der Erdkruste können immer wieder aufbrechen und heißes, flüssiges Material des Erdkerns emporstoßen. So geschehen vor vier Millionen Jahren, als ein bis dahin submariner Vulkankomplex brodelndes Gestein aus dem Erdinneren spuckte, das über die Meeresoberfläche im Gebiet des heutigen Nordeste von São Miguel drang. Auf gleiche Weise entstand vor circa drei Millionen Jahren das Gebiet des heutigen Povoação, und die Insel São Miguel fand ihren Ursprung. Weitere brodelnde, submarine, vulkanische Kraft verschaffte sich den Weg nach oben und vergrößerte die damalige Insel vor 750 000 Jahren um das Gebiet von Furnas. Vor 500 000 Jahren begann sich ein Vulkan westlich davon zu rühren, und es quoll ein Gebiet aus dem Meer, das wir heute Sete Cidades nennen, von der »Hauptinsel« getrennt durch Meerwasser. Das Gebiet des heutigen Lagoa do Fogo erhob sich erst vor 250 000 Jahren aus dem Meer und verschmolz mit dem Komplex von Furnas, Povoação und Nordeste, doch immer noch durch Meerwasser getrennt vom Gebiet des heutigen Sete Cidades. Erst vor etwa 50 000 Jahren ließ eine submarine Spalte die drängende Kraft des Erdinneren in kleinen Vulkanen an die Oberfläche, und so wuchsen schließlich beide Inselteile zusammen. Deutlich sieht man nördlich von Ponta Delgada die schwächer ausgebildeten, niedrigeren Vulkankegel, im Gegensatz zu den großen Zentralvulkanen, die ja zunächst einen mächtigen Kegel haben. Bricht dann aber einer dieser Zentralvulkane aus, das heißt explodiert und sprengt die Spitze fort, so schleudert er Lavamasse in die Höhe, die je nach Gewicht nach außen oder wieder ins Zentrum zurückfällt. Das zurückfallende Material versiegelt teilweise den Boden der entstandenen Caldeira (Kessel), und so können mit darauffolgenden Regenfällen ein oder mehrere Seen entstehen. Das nach außen weggeschleuderte Material kann sich sogar bis zum Meer vorschieben, beim Erkalten entstehen dann bizarre Formen. So erklärt sich die typische Form einer Caldeira, wie sie auf allen azoreanischen Inseln bis auf Santa Maria zu finden ist: steil ansteigende innere Wände und nach außen hin seichter abfallende Hänge.

Wale

In den azoreanischen Gewässern kommen 22 verschiedene Arten dieser Meeressäuger vor. Heute werden besonders zwischen Mai und Ende September von verschiedenen Inseln aus Walbeobachtungsfahrten angeboten, bei denen man sich in kleinen Booten den Tieren nähert und deren Kraft und Eleganz bewundern kann. Am fröhlichen Spiel ganzer Delphinschulen können Sie sich mit etwas Glück sogar vom Ufer aus erfreuen.

Wein

Der typische Landwein heißt *vinho de cheiro,* was übersetzt Geruchswein heißt. Dieser dunkle Rotwein hat einen kräftigen Geruch und einen etwas ungewöhnlichen Geschmack. Die Reben sind noch reine unverpfropfte amerikanische Stöcke mit einer Höhe von nur zirka dreißig Zentimetern. Die Trauben sind klein, dafür aber um so aromatischer.

Fisch in allen Variationen

Dazu noch deftige Eintöpfe und Meeresfrüchte satt

Gut zu essen ist für die Azoreaner ein Stück Lebensqualität. Sie essen gerne und reichlich und mit Vorliebe außerhalb der eigenen vier Wände. Das Essen wird zum geselligen Beisammensein genutzt, die Unterhaltung ist ein wichtiger Bestandteil. Will ein Ortsfremder essen gehen, muß er zunächst ein Hindernis überwinden: Er muß das Lokal als solches erkennen. Leuchtreklamen sind unüblich, oft kennzeichnet nur eine kleine, draußen aufgehängte Speisekarte das Lokal. Wenn man Glück hat, steht der Name über der Tür. Die unscheinbaren sind oft die besten Lokale; bei Einheimischen aller Klassen sind die *casas de pasto* sehr beliebt, kleine, sehr einfache Lokale mit wenigen, aber sehr guten Speisen. Ist schließlich ein Restaurant gefunden und ein Tisch ergattert, gibt es ein weiteres Hindernis: Oft existieren nur zwei bis drei Speisekarten für ein ganzes Lokal, oder der Kellner erzählt einfach, was heute zu empfehlen ist, bei etwas Glück sogar auf englisch. Danach steht allerdings einem runden Mahl nichts mehr im Wege.

Garküche am Kratersee bei Furnas

Die Portionen sind üppig, die Teller oft zu klein für die Mengen, die sie aufnehmen müssen. Die Gerichte werden selten dampfend heiß serviert, das gilt zumindest unter Einheimischen als unhöflich. Gleich nach dem Platznehmen werden unaufgefordert Kleinigkeiten auf den Tisch gestellt. Diese Appetithappen, im Rechnungsbetrag als *coberto* aufgeführt, können ganz unterschiedlich sein, doch immer ist Brot dabei, entweder normale Brötchen, kräftigeres Weizenbrot oder Maisbrot. Mindestens gibt es die leicht gesalzene Butter und Käse dazu. In landestypischen Lokalen wird oft der an sich etwas fad schmeckende weiße, weiche Frischkäse serviert, der mit der dazugereichten Piri-piri-Soße aus azoreanischen Chilischoten eine Delikatesse ist. Gewürzt wird gerade in den kleineren Lokalen eher kräftig, besonders an Salz spart man nicht, auch nicht bei ohnehin schon salzigen Fischen. Knoblauch wird gekonnt eingesetzt, verfeinert mit frischen Kräutern.

Die Azoreaner essen gerne Suppen, die meistens gebunden sind. Die Auswahl besteht zwischen *sopa de legumes,* mit Hülsenfrüchten, *de hortalícias,* mit Gemüse, *de canja,* mit Hühnchen, *de agrião,* mit Brunnenkresse, und der traditionellen *caldo verde,* einer sämigen Kartoffelsuppe mit Kohl und wenigen Scheiben Rauchwurst. Seltener steht die *sopa de peixe* oder auch *caldeirada de peixe,* die Fischsuppe, auf dem Programm, bei der die Brühe getrennt vom ursprünglich darin gegarten Fisch serviert wird.

Überall erhältlich ist natürlich das *bife,* ein eher flaches und ausladend geschnittenes Rindersteak sehr guter Qualität. Daneben gibt es *lombo de porco,* Schweinerücken, *iscas de fígado,* kleine gebratene Rinderleberstücke, und *carne assada,* Braten. Die Beilagen sind eher bescheiden. Zum Fleisch wird ein wenig Gemüse oder Salat serviert, außerdem gibt es Pommes frites, die oft hausgemacht sind und sehr gut schmecken. Durchaus üblich ist es, zusätzlich auch noch Reis auf den Teller zu geben. Als Spezialität gilt die ungewöhnliche, aber sehr delikate Kombination von *morcela com ananás,* Blutwurst mit Ananas. Wer einen deftigen Eintopf mag, ist mit *feijoada,* dem roten Bohneneintopf, gut bedient. Als Attraktion besonderer Art gilt die, allerdings nur in kleinen Lokalen angebotene, *chouriço à bombeiro:* Rauchwurst wird auf einem eigens dafür hergestellten Tongefäß, das die Form eines Schweines hat, gegrillt, d.h. fast verbrannt, daher wohl der Name »nach Feuerwehrart«. Die Spezialität auf Terceira heißt *alcatra,* das ist im Tontopf geschmortes Rindfleisch. Berühmt auf São Miguel ist natürlich der *cozido das Furnas:* Rind-, Schweine- und Hühnerfleisch, Wurst, Kartoffeln und Gemüse werden gemeinsam in einem Topf in den Erdlöchern der Caldeiras gegart, alles ohne Flüssigkeit – *der* Trick, damit das Fleisch gar und das Gemüse immer noch nicht verkocht ist. *Linguiça* ist eine Schweinswurst, die, etwas trocken, gebraten oder gekocht mit Yamswurzel angeboten wird.

Fisch gibt es in allen Varianten und stets frisch, begleitet von ein wenig Salat und gekochten Kartoffeln. Beliebt ist das gebackene *filet de abrótea,* Dorschfilet. Sehr geschmackvoll sind Barsch, *garoupa,* und Brassen, *goraz,* sowie *boca negra,* die meist gegrillt als ganze Fische angeboten werden. Scheuen Sie sich nicht vor den kleinen *chicharros.* Die Stichlinge sind leicht zu filetieren und gegrillt bei Einheimischen sehr beliebt. Der hellrothäutige Kaiserbarsch, *imperador,* hat festes weißes Fleisch. Größere Fische werden entweder in Filets oder *postas* (Scheiben mit einer Mittelgräte) geschnitten, wie etwa der delikat schmeckende *cherne,* Silberbarsch, der *peixe espada,* Schwertfisch, und der *espadarte,* Sägefisch. *Moreia,* Muräne, und *congro,* Meeraal, sind relativ fett. So sehr beliebt, daß er als traditionelles Weihnachtsessen auf den Festtisch kommt, ist der *bacalhau,* gepökelter Kabeljau, für den es jedoch 365 verschiedene Rezepte gibt. Versuchen Sie es vielleicht zunächst mit den sanfteren Versionen *bacalhau à braz,* kleingeschnitten mit Kartoffeln und Zwiebeln, oder *bacalhau à natas,* kleingeschnitten mit Sahne gebacken. Tintenfisch wird in zwei Varianten angeboten. Der große *polvo* wird in Rotweinsoße gedünstet serviert, die kleinen *lulas* werden gegrillt. Thunfisch ist eine Spezialität, das Fleisch ist recht fest und relativ trocken. Es gibt den *atum* und den *albacora,* weißen Thunfisch, der auf São Miguel mit einer schmackhaften Tomaten-Knoblauch-Soße gegessen wird.

Meeresfrüchte sind eine Delikatesse. Hierzu gehören *camarão,* Garnele, gegrillt oder gekocht, *lagosta,* Languste, oder *lagostino,* Hummer, *cavaco,* eine rote Riesengarnele, und die *santola,* ein Taschenkrebs. *Lapas,* Napfschnecken, die mit ihrer Schale am Meeresfelsen kleben, sind in manchen Monaten geschützt; wenn sie angeboten werden, lohnt sich auf alle Fälle eine Kostprobe. Gegrillt, mit Knoblauch und Zitrone, schmecken sie vorzüglich. Ein wenig schwierig ist es, den *cracas,* Seepocken, zu Leibe zu rücken. Die kleinen Meerestierchen verkriechen sich, bei einer Größe von nur einem halben bis einem Zentimeter, in einer fast steinernen Hülle, aus der sie mit Hilfe eines kleinen Hakens herausgezogen werden müssen. Die *amêijoas,* Muscheln, von São Jorge sind ebenfalls in den meisten Monaten des Jahres geschützt; falls zum Sammeln freigegeben, werden sie in einer Knoblauch-Zwiebel-Öl-Soße köstlich zubereitet. *Arroz de marisco* ist ein Festessen für Azoreaner. Verschiedene Meeresfrüchte werden in Reis mit Tomatensoße und Knoblauch gegart.

Wer nach dem Hauptgang immer noch zu essen vermag, hat die Qual der Wahl. Als Dessert ißt man entweder Käse (der würzige von São Jorge ist der beliebteste), *salada da fruta,* frische Früchte der Saison, oder eben eine der vielen kalorienreichen Süßspeisen. Ungewöhnlich ist der *pudim de feijão,* ein Pudding, der tatsächlich aus Zucker, einer Masse aus weißen Bohnen, Butter und Ei hergestellt wird. Traditionell ist auch der *arroz doce,* der Milchreis.

Weine von den Azoren sind selten geworden. Von Pico kommt der weiße *Terra de lava* und der rote *Basalto,* von Graciosa *Terra do Conde* (rot und weiß). Den roten Landwein, *vinho de cheiro,* gibt es nur in den wirklich kleinen Lokalen, ansonsten werden die Weine vom Festland angeboten. Die Palette der Gebrannten ist dafür um so größer und reicht vom einfachen Trester *(aguardente)* über Feigenschnaps *(figo)* bis zum edlen im Holzfaß gereiften *aguardente velho.* *Aguardente* bedeutet nicht etwa Zahnwasser, sondern ist abgeleitet vom Verb *aguardar,* erwarten: Der Magen erwartet diesen Aufräumer nach dem Essen. Auf São Miguel wird der *licor de maracujá,* ein Passionsfruchtlikör, hergestellt. Der berühmteste Aperitif oder Dessertwein ist jedoch der *verdelho* von Pico. Die Gläser werden mit Hingabe randvoll geschüttet. Zuprosten ist übrigens nur bei besonderen Gelegenheiten üblich. Nach dem Essen trinken die Azoreaner gerne einen Café, der einem Espresso ähnelt. Tagsüber wird der *galão* bevorzugt, ein Café, ein Glas vermischt mit viel heißer Milch. Mineralwasser *(água)* gibt es *sem* (ohne) und *com gas* (mit Kohlensäure).

Vegetarier werden auf der Speisekarte nur selten fündig, aber mit einigen Erklärungen zaubert man in der Küche auch mal einen Gemüse- oder einen Salatteller. Gerade mittags werden oft *meias doses* angeboten, das sind kleine, eigentlich halbe Portionen. *Bom apetite e á vossa saúde!*

Mitbringsel von süß bis hochprozentig

Außerdem Keramik und Kunstvolles – alles Handarbeit

Viele kulinarische Besonderheiten erinnern den Besucher noch zu Hause an die Inseln. Leichtgewichtig und gut zu verpacken ist der Tee von Gorreana, der als Grüner *(Chá Verde)*, Schwarzer *(Pekoe)* und edlerer Schwarzer Tee *(Orange Pekoe)* in den Supermärkten auf São Miguel und in der Teefabrik direkt angeboten wird. Schon schwerer ins Gewicht fallen Ananas, die Sie durchaus noch grün und unreif kaufen können, da die Früchte problemlos nachreifen. Schon in den Tagen und Wochen (bis zu sechs) vor der endgültigen Reife strömen sie einen wunderbaren Duft aus. Frische Ananas jeglicher Reifestufe finden Sie sowohl in den Supermärkten und kleineren Läden als auch auf dem Markt von Ponta Delgada. Dieser Wochenmarkt bietet auch sonst jegliches Obst und Gemüse, Fisch und Fleisch sowie Blumen und Handarbeiten. Alle Inseln brennen ihren eigenen Hochprozentigen. Ganz speziell Pico ist für die guten *aguardentes* bekannt. Sehr zu empfehlen sind der *licor d'amora* (Brombeerlikör) und *Angelica,*

Zu den Handarbeiten der Inseln gehören auch Korbwaren

eine Mischung nach altem Geheimrezept von Rotwein und Tresterschnaps derselben Ernte. Den *verdelho* von Pico oder Terceira als Aperitif- oder Dessertwein nicht zu vergessen. Von São Miguel kommen der *licor de maracujá* (Passionsfruchtlikör) und der allerdings sehr süße *licor d'ananás.*

Gerade auf den kleineren Inseln wird noch sehr viel gehandarbeitet: große, bunte Überwurfdecken, gestickte Tischdecken, gehäkelte Sets, Brotkorbeinlagen, Wale aus Stoff und viele kleine, teils recht ungewöhnliche Stücke. Ganz besonders fein und extravagant sind die Blumenornamente und Anstecknadeln aus Fischschuppen. Arbeiten aus Walknochen werden oft sogar in kleinen Kneipen angeboten. Da ja die Wale nicht mehr getötet werden dürfen, taucht man heutzutage die Knochen von toten Tieren herauf, und dann wird geschnitzt und verziert: kleine Wale, Schlüsselanhänger, Brieföffner, Schmuck… Besonders auf São Miguel fällt außerdem die blau-weiße Keramik ins Auge. Von kleinen Teeservicen bis zu Miniaturkerzenständern können Sie alles kaufen. Wie wäre es mit einer Kachel als Hausnummernschild?

Prozessionen und Heilig-Geist-Suppen

An jedem Wochenende im Sommer ein Fest

Es wird viel und gerne gefeiert auf den Azoren. Besonders im Sommer nutzt man hierzu auch die lauen Nächte. Obwohl viele Feste einen religiösen Hintergrund haben, geht es nach den offiziellen und sehr feierlichen Zeremonien überaus fröhlich zu. Wo am Morgen noch in der Kirche die Messe gelesen wurde, ertönen am Abend vor den Portalen wechselweise Folklore, portugiesische Schlager- sowie Rockmusik, und alt und jung tummeln sich bis spät in die Nacht auf dem Platz vor der Bühne.

★ Das *Festa do Senhor de Santo Cristo dos Milagres* (Fest des Jesus Christus der Wunder) am fünften Sonntag nach Ostern in *Ponta Delgada* auf São Miguel ist eines der größten religiösen Feste ganz Portugals. Höhepunkt des Festes ist zweifellos der Sonntag, an dem die Christusstatue in einer feierlichen Prozession etwa fünf Stunden lang durch die Straßen der Stadt getragen wird. Alle Straßenzüge sind mit bild- und symbolrei-

chen bunten Blumenteppichen geschmückt. Die Christusstatue wurde zwei Nonnen aus São Miguel, die Anfang des 16. Jhs. in Rom um die Genehmigung zur Gründung eines Klosterordens baten, von Papst Paul III. geschenkt. Die Nonnen errichteten das Kloster im Vale de Cabaços, dem heutigen *Caloura*. Das Kloster wurde jedoch immer wieder von Piraten heimgesucht, und so flüchteten die Nonnen schon 1540 ins Convent da Esperança (Kloster der Hoffnung) nach Ponta Delgada. Dort blieb die Statue zunächst relativ unbeachtet, bis die Nonne Maria Teresa da Anunciada im 17. Jh. eben genau diese Statue inbrünstig verehrte, ihre heilenden Kräfte kundtat und somit den Kult des Santo Cristo dos Milagres begründete. Diese Statue im rückwärtigen Chor der Kirche Nossa Senhora da Esperança wird bis heute von den Einheimischen hoch verehrt und läßt besonders in den drei Tagen vor der Prozession, an denen die Statue im Altarraum steht, die Gläubigen auf Knien zur Kirche pilgern. Der Platz vor der Kirche ist mit Tausenden von Lampen geschmückt, und dort sowie in den umliegenden Straßenzügen fin-

Die anläßlich des Heilig-Geist-Festes gebackenen Brote werden geweiht

det ein sieben Tage währendes großes Volksfest statt. Der Montag nach der Prozession ist hier Feiertag, und auch der folgende Donnerstagnachmittag (letzter Festtag) ist in Ponta Delgada arbeitsfrei.

Diesem Fest folgen die inzwischen über den ganzen Sommer verteilten *Festas do Espírito Santo* (Heilig-Geist-Feste), die in jeder azoreanischen Gemeinde an einem Wochenende ab dem siebten Sonntag nach Ostern gefeiert werden. Der Ursprung dieser Feste liegt wohl in Deutschland im 12. Jh., als eine Prinzessin einmal im Jahr einem Armen die Königskrone aufsetzte und ihn selbst bediente. Über Portugal kamen die Feste auf die Azoren, und nur hier werden sie heute noch gefeiert. Schon in den Wochen vor dem eigentlichen Fest wandert der König, der *Imperador,* der sich dafür gemeldet hat, das Fest mit seinen Helfern auszurichten, mit Krone und Zepter von Haus zu Haus, um Spenden zu sammeln. Manche Bauern ziehen extra als Festspende eine dem Heiligen Geist geweihte Kuh auf. Am Samstag des Festes werden dann die Spenden – Geldgaben wurden in Fleisch, Brot und Wein verwandelt – an die Bedürftigen der Gemeinde verteilt. Dies auf jeder Insel und in jeder Gemeinde auf unterschiedliche Weise, besonders bunt und schön auf *São Jorge* und *Terceira.* Am Samstagabend beginnt dann ein Volksfest, das sich mit Musik, Tanz und Tombola bis zum Sonntag, teilweise bis zum Montag hinzieht. Bei der Prozession am Sonntagvormittag schreitet der Imperador, manchmal auch mehrere, eingerahmt von Samtbändern, mit Zepter und Krone allen voran. Oft wird außerdem noch ein Kind gekrönt. Natürlich darf auch die Blasmusik nicht fehlen. Danach gibt es dann für alle die kräftige Heilig-Geist-Suppe mit Rindfleisch und das eigens gebackene süße Brot *sovada*. Gut gestärkt, kann man dann wieder am abendlichen Volksfest teilnehmen. Die kleinen Heilig-Geist-Kapellen, die in jeder Gemeinde stehen und alle mit der weißen Taube als Symbol des Heiligen Geistes geziert sind, werden nur einmal im Jahr, eben zum Fest, geöffnet und sind dann liebevoll und reich verziert.

Natürlich hat jede Gemeinde ihren Schutzheiligen, dessen Namenstag gefeiert wird und in der jeweiligen Gemeinde auch als Feiertag gilt. In *Vila Franca* auf São Miguel wird am Wochenende, das dem 8. Mai am nächsten ist, der Schutzpatron der Insel gefeiert, São Miguel de Arcanjo. Bei dessen Umzug ziehen die Handwerkszünfte in traditionellen Trachten durch die Straßen, und jede Zunft hat eine Kirche der Gemeinde geschmückt. Um den 24. Juni sind die ★ Johannisfeste ein Anziehungspunkt, besonders das von *Angra do Heroísmo* auf Terceira, Festas Sanjoaninas genannt, vielleicht das fröhlichste Volksfest der Inseln überhaupt. Neun Tage lang – darum heißt es wohl auch Johannisfeste – feiert die prächtig dekorierte Stadt mit fröhlichen Umzügen und viel Musik. Die ganze Innenstadt ist mit Getränkebuden und Essensständen ein einziger bunter Markt. Die Reiterfestspiele von São Pedro am 29. Juni in *Ribeira Grande* auf São Miguel bestehen in einem Umzug hoch zu Roß, bei dem die *Cavalheiros,* ganz in Weiß gekleidet mit einer roten Schärpe, am Schluß die Stufen zur Kirche São Pedro hinaufreiten und der Anführer sein Pferd dazu bringt, die Vorderhufe auf die Schwelle des Kirchenportals zu legen.

Aber man feiert auch Festwochen mit anderen Themen. Auf *São Jorge* findet in der ersten Juliwoche die Semana Cultural (Kulturwoche) mit verschiedenen Musik- und Theaterveranstaltungen statt. Ihr folgen das Festa do Emigrante in *Lajes das Flores,* das den Emigranten gewidmet ist, und Anfang August die beliebte ★ Semana do Mar auf *Faial,* bei der Segler und Einheimische sich gemeinsam dem bunten Treiben hingeben. Ein berühmtes ★ Musikfestival findet Mitte August am Strand von *Praia Formosa* auf *Santa Maria* statt; das Maré de Agosto mit internationalen Künstlern und einer mitreißenden Atmosphäre spielt sich rund um eine Freilichtbühne ab. Im August begeht *Lajes do Pico* die Semana dos Baleeiros, die ihren Ursprung noch in den Zeiten des Walfangs hat. Der *Karneval* wird sieben Wochen vor Ostern mit festlichen Bällen und Kinderumzügen begangen, wobei die bekanntesten die von *Graciosa* sind.

Weitere offizielle Feiertage

1. Januar: *Ano-Novo (Neujahrstag);*
Februar: *Entrudo (Karnevalsdienstag); Sexta-feira Santa (Karfreitag);*
25. April: *Dia da Liberdade (Tag der Nelkenrevolution 1974);*
1. Mai: *Dia do Trabalhador (Tag der Arbeit);*
Pfingstmontag: *Dia da Autonomia (Tag der Autonomie 1976);*
Corpo Deus *(Fronleichnam);*
10. Juni: *Dia de Camões (Tag des Nationaldichters Camões);*
15. August: *Assunção (Mariä Himmelfahrt);*
5. Oktober: *Implantação da República (Gründung der Republik 1910);*
1. November: *Todos os Santos (Allerheiligen);*
1. Dezember: *Restauração (Tag der Unabhängigkeit von Spanien);*
8. Dezember: *Imaculada Conceição (Unbefleckte Empfängnis Marias);*
25. Dezember: *Dia de Natal (Weihnachten)*

Die östlichen Schwestern

Eine Inselhauptstadt und spannende Vulkanlandschaften –
südländisches Flair und ein Fest am Strand

São Miguel und Santa Maria bilden die Ostgruppe der Azoren. Auf São Miguel kann man der Kraft des Erdinneren nachspüren und die Inselhauptstadt Ponta Delgada besichtigen. Santa Maria ist die einzige Azoreninsel mit hellen Sandstränden. Sie ist die erdgeschichtlich älteste Insel der Azoren, die südlichste, die sonnenreichste und die erste, die von den Portugiesen entdeckt wurde.

Einer Sage nach gefüllt mit
den Tränen zweier Liebender:
der Krater von Sete Cidades

SÃO MIGUEL

São Miguel bietet eine einzigartige landschaftliche Vielfalt und macht mit den unzähligen Grünschattierungen, die sich gegen das klare Atlantikwasser abheben oder sanft in die großen Kraterseen hineingleiten, ihrem Beinamen »grüne Insel« alle Ehre. Die Ortschaften sind größtenteils in Küstennähe aufgereiht. Auf den immerhin 747 qkm – von Ost nach West mißt die Insel 65 km, von Süd nach Nord zwischen knapp 8 und 14 km – wohnen etwa 126 000 Miguelenser. Drei

---

Hotel- und Restaurantpreise

Hotels
Kategorie 1: über 14 000 Esc.
Kategorie 2: 9000–14 000 Esc.
Kategorie 3: unter 9000 Esc.

Die Preise gelten für eine Übernachtung für zwei Personen im Doppelzimmer mit Bad/WC und Frühstück in den Sommermonaten (Mai bis Ende Sept.)

Restaurants
Kategorie 1: über 1800 Esc.
Kategorie 2: 1300 bis 1800 Esc.
Kategorie 3: unter 1300 Esc.

Die Preise gelten für eine Hauptspeise inkl. *coberto* und Nachtisch. Falls nicht anders angegeben, servieren die Restaurants mittags von 12 bis 14 und abends von 19 bis 21.30 Uhr

große Vulkankomplexe bestimmen die Landschaft. Der Krater des zentralen *Lagoa do Fogo,* des Feuersees, ist von beeindruckender Schönheit und strahlt Ruhe und Frieden aus. Im Tal von *Furnas* kommt noch die brodelnde Energie hinzu, die tief aus dem Erdkern hier an die Oberfläche dringt und von deren fast gespenstischer, da unermeßlicher Kraft man sich bei den heißen Quellen und Geysiren überzeugen kann. Der Blick auf die friedliche und märchenhafte Landschaft von *Sete Cidades,* das westliche Vulkangebiet, in dem fast wie gemalt der blaue und der grüne See sowie das kleine gleichnamige Dorf eingebettet liegen, ist atemberaubend schön – ein Bild der Harmonie, wie man es nur aus Träumen kennt.

Dank der für die Azoren hohen Bevölkerungsdichte (168 Bewohner/qkm) wird hier wie auf keiner anderen Insel des Archipels das Land stark kultiviert. Schon aus den frühesten Jahrzehnten der Besiedlung ist bekannt, daß die Einwohner São Miguels bis zum Ende des 16. Jhs. Weizen und den blauen Farbstoff der damals überall auf der Insel anzutreffenden Pflanze Pastel exportierten. Danach folgten zwei reiche Jahrhunderte des Orangen- und Weinexports, und als diese Kulturen Schädlingen zum Opfer fielen, kamen die Insulaner auf neue Ideen und bauen nun seit dem 19. Jh. Ananas, Tee und Tabak an. Die unendlich vielen Weiden mit den grünen Hecken sind nirgends zu übersehen und verleihen der Insel ihren lieblichen Charakter.

Die gepflegten Ortschaften haben im Ortskern oft einen kleinen Park mit wunderschönen Blumenbeeten und Bänken unter schattenspendenden Bäumen, die zum Rasten einladen. Hier kann man das azoreanische Leben auf sich wirken lassen und in der typisch azoreanischen Weise den Augenblick genießen.

PONTA DELGADA

(**116/B 3**) An einer schönen Bucht der Südküste zieht sich Ponta Delgada fast rechteckig mit einer Breite von 3 km entlang. Die Uferstraße, die Avenida Infante Dom Henrique, deren westlicher Teil ebenso wie der Platz Conçalo Velho Cabral in den 40er Jahren durch die gleichzeitige Erweiterung der Hafenmole dem Meer abgerungen wurde (der östliche mit dem Yachthafen entstand erst in den 90er Jahren), bietet ein vielleicht zunächst unerwartetes Bild. Neben Häusern aus dem 19. Jh. protzt ein moderner Komplex mit einem Hochhaus, auf dessen zweifelhafte Schönheit auch die Einheimischen nicht stolz sind. Doch zum Glück bestimmen die altherrschaftlichen Gebäude das Bild, die Häuserzeilen werden immer wieder von hübschen, mit Pflanzen und Bäumen geschmückten Plätzen unterbrochen. Abgesehen von der Avenida sind die Straßen der Stadt eng und leider, zumindest zu Geschäftszeiten, vollgestopft mit Autos. Die teilweise sehr schmalen Bürgersteige machen das Leben eines Fußgängers nicht einfacher. Doch in den letzten Jahren entstanden kleine Fußgängerstraßen, durch die man in Ruhe bummeln kann. Überall in der Stadt sind die Wege und Straßen nicht einfach gepflastert, sondern es werden mit dunklem Basalt- und hellem Kalkstein sehr schöne Muster und Figuren gelegt.

Wollen Sie einmal das Leben der Stadt an sich vorüberziehen lassen, setzen Sie sich zur Mittagszeit oder am späten Nachmittag auf die Terrasse des ✪ Cafés *Central* gegenüber der Hauptkirche. Dort trifft man sich zu einem Schwätzchen, dort will man sehen und gesehen werden, dort kommt man einfach ständig vorbei. Ponta Delgada hat zwei Rhythmen: das Alltagsleben, zumindest für azoreanische Verhältnisse von gewisser Hektik gezeichnet, und das Leben am Wochenende, wenn die Stadt besonders im Sommer fast menschenleer ist und man um so besser die Gebäude und deren Architektur betrachten kann.

Die Stadt hat heute etwa 21 000 Ew. Sie wurde von Fischern um 1450 im heutigen Ortsteil Calheta gegründet, der Zone gegenüber dem neuen Yachthafen. Der Ort wurde Ponta Delgada genannt, da er an einer »dünnen Spitze« aus Lavagestein lag, die ins Meer hineinragte. Von der Anhöhe der 💮 *Ermida da Nossa Senhora da Mãe Deus* können Sie sich einen ersten Überblick verschaffen. Der Stadtbereich kann leicht an einem Tag zu Fuß besichtigt werden, angefangen beim zentralen Platz *Gonçalo Velho Cabral* (benannt nach dem ersten Inselverwalter), auf dem das dreibögige Stadttor aus dem 18 Jh. steht. Heute wirkt es etwas deplaziert. Früher bildete es nur zirka 50 m weiter südlich tatsächlich den Eingang zur Stadt, als vor dem Bau der Avenida das Meer bis an

MARCO POLO TIPS FÜR SÃO MIGUEL

1 Igreja da Nossa Senhora da Esperança
Diese kleine Klosterkirche birgt einen reichverzierten Altar und eine wertvolle, hoch verehrte Christusstatue (Seite 30)

2 Museu Carlos Machado
Nicht nur als Museum, sondern auch als ehemalige Klosteranlage interessant (Seite 32)

3 Sete Cidades
Vom Vista do Rei blickt man auf diese märchenhafte Landschaft (Seite 37)

4 Gorreana
Die einzige Teefabrik Europas mutet wie ein Museum an (Seite 36)

5 Lagoa do Fogo
Schon die Fahrt dorthin bietet unvergeßliche Ausblicke (Seite 37)

6 Vila Franca
Die ehemalige Hauptstadt hat immer noch viel Charme (Seite 35)

7 Furnas
Der Park, der See, die heißen Quellen – ein Tal voller Überraschungen (Seite 41)

die Arkaden der heute noch bestehenden Hausfronten reichte und auf dem Platz die Schiffsanlegestelle war. Westlich davon steht das hübsche barocke *Rathaus.* Auf der Avenida gen Westen kommen Sie zur *Praça de 5 Outubro,* auf der ein wunderschöner, über hundert Jahre alter Metrosídero, zu deutsch Eisenholzbaum, steht, dessen riesiges Astwerk wohl so manche Geschichte erzählen könnte. Diese Bäume stammen ursprünglich aus Neuseeland, scheinen jedoch auf den Azoren einen prächtigen Nährboden gefunden zu haben und schmücken viele Plätze mit leuchtend roten Blüten. Auf der anderen Seite wacht seit Jahrhunderten das *Fort de São Bráz* über seine Umgebung. Am Nordende dieses großartigen Platzes biegt wieder gen Osten eine kleine Fußgängerstraße ab. Deren erste Querstraße, die ✪ *Rua Diário dos Açores,* ist ebenfalls für Autos gesperrt und wartet mit einigen Straßencafés auf. Von hier aus weiter gen Norden kommen Sie zum *Stadtgarten,* von dessen nördlichem Ausgang Sie nach wenigen Minuten den *Stadtfriedhof* mit den etwas fremd anmutenden Ampelgräbern erreichen. Die Ampeln enthalten Bilder der Verstorbenen. An derselben Straße liegt auch der wunderschöne Park des *Palastes von Santa Ana.* Der Palast ist heute Sitz des Regierungspräsidenten und wird daher bewacht. Doch freundlich fragende Besucher werden gerne hineingelassen. Die Kirche des ehemaligen *Jesuitenkollegs* liegt etwas weiter südlich, und so kommen Sie, am Museum vorbei, wieder an die Uferstraße zurück.

Igreja Matriz de
São Sebastião (U/C4)

Die Hauptkirche von Ponta Delgada, auch kurz Matriz genannt, wurde zwischen 1541 und 1547 am Platz einer kleinen Kapelle gebaut, die schon demselben Heiligen, dem Schutzpatron der Stadt, gewidmet war. Die Legende sagt, daß nach der Pest Anfang des 16. Jhs. die Überlebenden von Ponta Delgada diese Kirche aus Dankbarkeit errichteten. Der ursprünglich gotische Baustil wurde besonders im 18. Jh. mit barocken Elementen vermischt. Heute hat die Kirche neben dem Hauptportal zwei Seitenportale, vier Fenster mit Zwischenflügel und ein achteckiges Rundfenster, das mit einem barocken Sims eingerahmt ist. Im Inneren fallen besonders die Zedernholzschnitzereien, die Sakristei mit den bemalten Wandkacheln und die Palisanderholzmöbel aus dem 17. Jh. auf. *Largo Matriz, Messe: Mo–Fr 8.30, 12.30, 18.30 Uhr, Sa 12.30, 18.30 und So 8.30, 12, 17 Uhr*

Igreja da Nossa Senhora
da Esperança (U/B5)

★ Die reich geschmückte Kirche wurde mit dem dazugehörigen Nonnenkloster im 16. Jh. gegründet. Der Innenraum ist prunkvoll verziert, an den Wänden stellen Kachelbilder Szenen aus dem Leben der heiligen Teresa da Anunciada dar, die den Kult um die hier aufbewahrte Christusstatue begründete. Im nur für die Nonnen zugänglichen, aber für alle einsichtigen rückwärtigen Chor steht diese Figur des Senhor Santo Cristo dos

Das Kloster Esperança, zu Ehren des Santo Cristo im Festtagskleid

Milagres, die in tiefer Ehrfurcht und Ergebenheit bis heute angebetet wird und Mittelpunkt des großen Festes im Mai ist. An der Außenmauer erinnert ein Anker mit dem Wort *Esperança* (Hoffnung) an den aus Ponta Delgada stammenden portugiesischen Dichter Antero de Quental. Der Verfasser politischer und sozialkritischer Texte nahm sich dort 1891 das Leben. *Praça de 5 Outubro, Mo–Sa 7–17 Uhr, So 7–12.30 Uhr*

Igreja de São José (U/B5)

Die Kirche des ehemaligen Franziskanerklosters stammt aus dem frühen 18. Jh. und ist heute die Gemeindekirche des westlichen Teiles der Stadt. Angegliedert sind die Kapelle *Nossa Senhora das Dores* (der Schmerzen), ein schönes Beispiel azoreanischen Barockstils, und die Kapelle des heiligen Franziskus von Assisi. *Praça de 5 Outubro, Messen: tgl. 7.30, 18.30 Uhr, Sa 18 Uhr, So 9.30, 11, 18 Uhr*

Igreja de Todos-os-Santos (U/C3)

Die Kirche gilt als eines der schönsten Barockbauwerke der Azoren. Ihr Grundstein wurde bereits 1592 gelegt, das Gotteshaus erfuhr jedoch bis 1740 etliche Veränderungen. Es überschaut fast majestätisch den alltags leider zugeparkten Vorplatz. Der gesamte Komplex wurde 1997 renoviert. Gleich bei der Kirche liegt der hübsche kleine Garten Antero Quental. *Largo do Colégio*

Jardim António Borges (U/A3)

Der heutige Stadtgarten wurde im 19. Jh. als Privatgarten angelegt, zu einer Zeit, als es für diejenigen, die es sich leisten konnten, in Mode war, große Parks anzupflanzen. Einige uralte Bäume können Sie noch heute bestaunen, besonders das mächtige Wurzelwerk des indischen Gummibaumes; viele kleine Wege führen durch das Grün. *Rua António Borges, tgl. 9 bis 17.30 Uhr*

Mercado Agrícola   (U/D4)

✪ Der Wochenmarkt bietet einen Querschnitt dessen, was Boden und Meer hergeben. Daneben gibt es auch Korbwaren und andere Handarbeiten. *Rua do Mercado, tgl. 7–15 Uhr, Haupttage Fr und Sa vorm.*

MUSEUM

Museu Carlos Machado   (U/C3)

★ Das Museum ist seit 1930 im ehemaligen Kloster Santo André aus dem späten 17. Jh. untergebracht. Schon allein die liebevolle Herrichtung der Anlage mit dem Innenhof, der alten Kapelle und dem Garten lohnt den Besuch des Museums. Die Ausstellungen geben interessante Einblicke in das frühere azoreanische Leben. Die Abteilungen zu Geschichte und Geologie sind sehr ansprechend und lehrreich aufgemacht. Nicht zu übersehen ist die Ausstellung azoreanischer Künstler mit dem berühmten Bild »Os emigrantes«. Das Museum wurde von einem leidenschaftlichen Sammler gegründet, lassen Sie sich also von ausgestopften Tieren, die es nie auf den Inseln gegeben hat, nicht irritieren. *Rua João Moreira, Di–Fr 9–12.30, 14 bis 17.30 Uhr, Sa u. So 14–17.30 Uhr*

RESTAURANTS/CAFÉS

Bataclan   (116/B3)

3 km vom Zentrum entfernt. Das typisch azoreanisch eingerichtete Restaurant serviert ebensolche Gerichte. *Largo do Loreto 32–34, Tel. 325 60, Mi geschl., Kategorie 2*

Café-Restaurant Gil   (U/B5)

☂ Im Café guter, schneller Mittagstisch, abends Treffpunkt der Jugendlichen. Im Restaurant nebenan gepflegter Service. *Rua Diário dos Açores, Tel. 255 48, tgl. 8–24 Uhr, Café Kategorie 3, Restaurant Kategorie 1*

Marisqueira Açores   (U/F4)

Abends muß man schon mal an der großen Theke auf einen freien Tisch warten. Fischgerichte und frische Meeresfrüchte. *Rua Eng. José Cordeiro, Di–So 12 bis 24 Uhr, Mo geschl., Kategorie 2*

O'Corisco   (U/C4)

Zentral, gediegene Einrichtung, nicht ganz so große Portionen. *Rua Manuel da Ponte, 28, Tel. 244 44, tgl., Kategorie 1*

O'Gilberto   (116/B3)

Wenn Sie weder Enge noch einfache Möblierung, noch lautstarke Unterhaltung scheuen, aber sehr gute Hausmannskost mögen. *Rua de Sabão, Relva, Tel. 67 22 76, tgl., Kategorie 3*

Sentado em Pé   (U/C3)

☂ Immer übervoll, schneller, freundlicher Service, frischer Fisch, Salate, Steakvarianten. *Rua Dr. Guillerme P. Falcão, Tel. 268 18, Mo geschl., Kategorie 3*

Café Tabacaria Açoreana   (U/B5)

✪ Besonders tagsüber trinken die Einheimischen hier Café, lesen Zeitung oder essen einen Mittagssnack. Verkauf internationaler Zeitungen und Zeitschriften im hinteren Raum. *Rua Diário dos Açores, Do–Di 7.30–22 Uhr, Mi geschl., Kategorie 3*

EINKAUFEN

In den Geschäften der Innenstadt können Sie fast überall die einheimische Keramik erwerben, eine große Auswahl und zusätzlich Walknochenarbeiten bietet die *Tabacaria Mascote* neben dem gleichnamigen Café südlich der Matriz (**U/C5**) an *(Largo da Matriz, Mo–Fr 8–18 Uhr, Sa 8 bis 13 Uhr, zu anderen Zeiten im Café fragen).* Ausgewählte Handarbeiten und schönes Kunsthandwerk der Insel verkauft *Kairos* (**U/D4**), *Avenida Infante Dom Henrique, 1. Stock des Einkaufszentrums, tgl. 10–22 Uhr.*

HOTELS

Açores Atlântico (U/E4)
Das beste Hotel der Stadt mit Blick über den Hafen, Restaurant, Bar, Hallenschwimmbad, Fitneßraum und Sauna. *140 Zi. mit Balkon, Avenida Infante Dom Henrique, Tel. 62 93 00, Fax 62 93 80, Kategorie 1*

Canadiano (U/C3)
Zweckmäßiges Hotel mit freundlichem Service, zentral gelegen, öffentliche Bar. *50 Zi., Rua do Contador 24, Tel. 62 90 06, Fax 62 94 36, Kategorie 2*

Casa Nossa Senhora do Carmo (116/C3)
In einem großen Garten liegt dieses mit viel Geschick renovierte Herrenhaus 5 km entfernt vom Zentrum. Salon mit Kamin; Abendmenü nach edler azoreanischer Art auf Anfrage. *6 Zi., Rua Pópulo de Cima 220, Livramento, Tel. 64 20 48, Fax 64 20 38, Kategorie 1*

Estalagem Senhora da Rosa (116/B3)
Zirka 4 km außerhalb des Zentrums, ruhiges, stilvolles Hotel mit Restaurant und Bar. *28 Zi., mehrfach tgl. Transfer nach Ponta Delgada, Rua Senhora da Rosa, Fajã de Baixo, Tel. 62 81 50, Fax 353 75, Kategorie 1*

Solar do Conde (116/B2)
An der Nordküste, 17 km von Ponta Delgada entfernt gelegenes Aparthotel mit 27 Bungalows in einem großen, gepflegten Garten, mit Schwimmbad und öffentlichem Restaurant. *Rua do Rosário, 9545 Capelas, Tel. 988 87, Fax 986 23, Kategorie 2*

Talismã (U/B5)
19 stilvoll Zimmer im Fußgängerbereich der Innenstadt, mit sehr gutem Restaurant. *Rua Marques da Praia e Monforte 40, Tel. 62 95 02, Fax 228 75, Kategorie 1*

SPIEL UND SPORT

Fahrräder/Motorräder (U/C4)
Rua A. Joaquim Nunes da Silva 55 (hinterm Theater), Tel. 62 83 04

Golf
Es gibt einen 27-Loch-Kurs nördlich von Ponta Delgada *(Batalha, Tel. 49 85 60, Fax 49 82 84)* und bei Furnas (**117/E3**) einen 18-Loch-Platz *(Achada das Furnas, Tel. 49 85 60, Fax 49 82 24).* Auskünfte: *Verdegolf, Avenida Dom João III, Lote 4, Tel. 319 25, Fax 349 51*

AM ABEND

Gerade an Sommerabenden trifft man sich in den Straßencafés der Avenida oder am Yachthafen.

John's Pub (U/B5)
✪ Nächtlicher Treffpunkt mit Pianomusik im Hintergrund. *20 bis 2 Uhr, So. geschl., R. Diário dos Açores 8/14*

Diskothek Ópera   **(U/C4)**

🕺 Für Jugendliche und Jungge-
bliebene, im Untergeschoß des
Kino-Theaters. *Largo do Teatro Mi-
caelense, Mo–Sa ab 22 Uhr, So geschl.*

Diskothek Populos Inn   **(116/C4)**

Besonders im Sommer ist die
Gartenbar beliebt. *Di–So 23 bis
4 Uhr, Mo geschl., Vila Pann, Livramento*

Xantarix   **(U/D4)**

Lebhafte Atmosphäre bei Life-
musik (Fr, Sa). *R. Ernesto Canto,
Mo–Sa ab 21 Uhr, So geschl.*

AUSKUNFT

Delegação de Turismo   **(U/C5)**

*Avenida Infante Dom Henrique,
P-9500 Ponta Delgada, Tel. 257 43,
Fax 222 11, Mo–Fr 9–17.30 Uhr, Sa
und So geschl.*

ZIELE IN DER UMGEBUNG

Ananasplantage   **(116/B3)**

Bei einem Besuch der Ananasplantage im Ortsteil *Fajã de Baixo,*
4 km nordöstlich des Zentrums,
können Sie zu jeder Jahreszeit
vom kleinen Pflänzchen bis zur
reifen Frucht alle Wachstums-
phasen dieser Köstlichkeit erle-
ben. Zusätzlich wird Ihnen der
ohne Zucker- und Farbzusatz
hergestellte Hauslikör angeboten. *A. Arruda, Abelha, Fajã de
Baixo, tgl. 9–18 Uhr, Tel. 344 38*

Lagoa   **(116/C3)**

An der Südküste, 9 km östlich
von Ponta Delgada, liegt die
Kreisstadt Lagoa (auf dem Weg
dorthin passieren Sie zwei schöne
dunkle Sandstrände). Lagoa wurde schon im 15. Jh. gegründet
und hat sich inzwischen vom Fi-

scherdorf zur kleinen Kreisstadt
mit 9000 Ew. gemausert. In der
Nähe des Fischerhafens kann
man in einem schönen Meeres-
schwimmbad baden. In der *Fá-
brica Cerâmica Lagoa* sind Besucher
herzlich eingeladen, die manu-
elle Herstellung der blau-weißen
Keramik zu betrachten (von
Ponta Delgada kommend, rechts
der Hauptstraße, *Mo–Do 8–12,
13–18 Uhr, Fr bis 17 Uhr, Sa nur Laden 8–13 Uhr*). Im Ortsteil *Santa
Cruz* liegt eine aus dem 16. Jh.
stammende Kirche direkt am
Meer; gegenüber ißt man sehr
guten frischen Fisch und Meeresfrüchte in der *Marisqueira Regional
(Di geschl., Avenide Gaspar Fruc-
tuoso, Tel. 921 38).* Hinter der Post
finden Sie das gemütliche Restaurant *O Alambique, Rua do
Alambique, Tel. 962 02, Mo geschl.*

Caloura   **(116/C3)**

Die Ebene von Caloura liegt der
Südküste vorgelagert unterhalb
des Ortes *Água de Pau.* Ihrem Namen gemäß, bietet sie ein war-
mes Mikroklima, was schon früh
wohlhabendere Familien der Insel bewogen hat, sich dort ihre
Ferienresidenzen inmitten eines
großen Gartens einzurichten.
Wenn auch Sie sich, wenigstens
zeitweise, dort niederlassen
möchten, steht Ihnen das *Hotel
Caloura (Água de Pau), 50 Zi., 9560
Lagoa, Tel. 932 40, Fax 936 11, Kategorie 1)* direkt an der Küste, zur
Verfügung. Auch Bauern wurden
in der Ebene ansässig, die das
Klima für den Weinbau nutzten.
Die im Osten gelegene Bucht
dient als Fischerhafen und Bade-
platz. Gleich anbei das winzige,
urige Kneipe *Bar Caloura* mit
einer schönen großen Terrasse
direkt am Wasser, wo die Gäste

in lauen Sommernächten bei kühlen Getränken und frischem Grillfisch dem Rauschen des Meeres lauschen. Das ehemalige Nonnenkloster nebenan ist heute in Privatbesitz, doch falls Sie den Gärtner finden, schließt er gerne die guterhaltene Klosterkirche auf, in der die Engel einen Schnurrbart tragen. Am westlichen Ende dieser Ebene ist eine kleine Badebucht.

Vila Franca (117/D3)

★ Weißstrahlende Häuser und der großzügig angelegte Ortskern lassen immer noch das Flair der ehemaligen Hauptstadt erahnen. Die etwa 5000 Ew. nennen ihren Ort liebevoll kurz *Vila,* weil es eben *die* Stadt auf São Miguel ist. Schon bald nachdem sich die ersten Siedler auf der Insel niederließen, entdeckten sie diese

Das warme Klima von Caloura lockt Weinbauern und gutsituierte Feriengäste

weite, offene Gegend und gründeten den Ort, dem sie den Namen Franca (frei von Zöllen) do Campo (der flachen Ebene) gaben. Das Gebiet ist allgemein bekannt für den Obstanbau, die Ananastreibhäuser heben sich von der grünen Umgebung ab. Der Landwein *vinho do cheiro Ilhéu* ist auf der ganzen Insel beliebt. Würdevolle Stufen führen hinauf zur *Igreja de São Miguel,* die schon im 15. Jh. gebaut, jedoch bei dem Erdbeben von 1522 wie der ganze Ort zerstört wurde. Kurz nach dem Beben wurde die Kirche von den wenigen Überlebenden im ursprünglich gotischen Stil wieder errichtet. Im kleinen, aber sehr liebevoll angelegten *Park* unterhalb der Kirche geben Kacheltafeln dem Besucher Auskunft über Name und Herkunft der Pflanzen. Probieren Sie am kleinen Kiosk die bekanntesten süßen Teilchen der Insel, die *Queijadas da Vila Franca.* Zum kleinen Hafen hinunter gehen Sie am Denkmal von Heinrich dem Seefahrer vorbei, der dort nachdenklich über das Meer und wohl auch auf das Wahrzeichen der Stadt, die *Ilhéu,* blickt. Dieses »Felsinselchen«, inzwischen Naturschutzgebiet, ist der Rest eines abgesunkenen Vulkankraters. Dessen Zentrum, ein immer wieder frisch überspülter Meerwassersee, ermöglicht ein ganz spezielles Badeerlebnis. Mehrmals täglich fährt Mestre Manuel José Cafua *(Tel. 524 64)* im Sommer zur Ilhéu hinüber, ein Vergnügen, das Sie sich nicht entgehen lassen sollten.

Von der ✿ *Kapelle Nossa Senhora da Paz,* weithin leuchtend in den Hügeln oberhalb von Vila Franca, blickt man über die ganze

Gegend bis hinein in das Inselchen. Kulinarische Spezialitäten offerieren gleich zwei Restaurants. Im *O'Bravo,* direkt am Hafen, speist man mit Blick aufs Meer fangfrischen Fisch und Meeresfrüchte aller Art *(tgl., Tel. 533 60).* Das *O'Jaime* direkt an der Hauptstraße, im Sommer mit Gartendependence *O'Roberto,* serviert gleichfalls Fisch und Fleisch *(tgl., Tel. 524 19).*

Ribeira Grande (116/C2)

Dieser größte Ort an der Nordküste mit etwa 10 000 Ew. ist mit Ponta Delgada über eine (azoreanische) Schnellstraße verbunden, die auf dem flachsten und geologisch jüngsten Teil der Insel verläuft, dessen Landschaft durch kleine, nur rund 350 m hohe Vulkankegel gekennzeichnet ist. Im Vorort *Ribeira Seca* zeugt ein freigelegter Brunnen davon, daß beim Vulkanausbruch 1563 der Ursprungsort von Lavamassen erstickt und zerstört wurde. In diesem Ortsteil steht auch die Kirche von São Pedro, Ziel des Reiterumzuges am 29. Juni. Der Namensgeber des Hauptortes ist der tatsächlich größte Fluß der Insel, der das Wasser der Bäche im Hochland von Água de Pau sammelt. Er fließt quer durch Ribeira Grande, das 1507 zur Stadt und 1981 sogar zur Großstadt erhoben wurde.

Im Zentrum des Ortes wurde das Flußufer in einen hübschen kleinen Park verwandelt. Rund um die Brücke spielt sich das Leben ab, dort sind kleine Cafés, Einheimische halten ein Schwätzchen und ruhen sich im Schatten der Grünanlage aus. Direkt an diesem Platz liegt die kleine *Igreja do Espírito Santo* aus dem 18. Jh. mit einer reichverzierten, barocken Außenfassade. Das Gebäude mit dem Uhrturm ist das Rathaus, unweit davon beherrscht die ◣ *Kirche Nossa Senhora da Estrela* mit ihrem hohen Portal die Umgebung. Schon im 16. Jh. angelegt, erhielt sie erst im 18. Jh. die endgültige Form. Die drei Kirchenschiffe sind üppig geschmückt, doch der wahre Schatz, das *Arcano* (Geheimnis), ist im Hochaltar zu bewundern. Es sind Hunderte von kleinen (1,5–6 cm hohe) Figuren, die von der Nonne Maria de Apocalipse aus Reismehl, Ton und Gummiarabikum geschaffen wurden. Sie stellen Szenen des Alten und Neuen Testamentes dar. Das *Casa de Cultura* gibt den Blick frei in ein ehemaliges Herrenhaus aus dem 17. Jh. mit angegliederter Kapelle, heute als Museum sehr gut wieder hergerichtet mit einer interessanten Ausstellung von Keramik und Töpferhandwerk, zurückgehend bis ins 16. Jh. *(Rua d. S. Vicente, Mo–Fr 8.30–12.30, 14–17.30 Uhr).* Den Hunger stillt das kleine Restaurant *Leão* in *Ribeirinha (Rua Fulgêncio Pereira Marques, Tel. 47 99 96).* Sehr schlichte Ausstattung, aber um so besseres Essen.

In der Nähe (**117/D2**) gibt es ein kleines Gebiet mit heißen Quellen und einem Badehaus mit antiquiertem Charme, das dortige Restaurant gart Fisch- und Fleischeintöpfe in den Erdlöchern *(Restaurant Caldeiras, Tel. 47 22 44).* Hinter Ribeira Grande gen Furnas fahrend, kommen Sie zunächst am fantastischen Aussichtspunkt ◣ *Santa Iria* vorbei und dann zur einzigen europäischen ★ *Teeplantage Gorreana (Mo–Fr 8–12, 13–17.30 Uhr,* zu anderen Zeiten am Privathaus klopfen). 16 km östlich von Ribeira Grande liegt im Ort *Maia* an der Nordküste der ehemalige Adelssitz *Solar de Lalem* aus dem 18. Jh., wo jetzt 16 stilvoll eingerichtete Zimmer in traumhaft ruhiger Umgebung vermietet werden (*Estrada de São Pedro, 9625 Maia, Tel. 44 20 04, Fax 44 21 64, Kategorie 2*).

Lagoa do Fogo (117/D3)

★ ⋙ Die Weiterfahrt zur Lagoa do Fogo in die Stille einer Vulkanlandschaft ist am lohnendsten an klaren Tagen, wenn die Antennen auf dem Kraterrand zu erkennen sind. In Ribeira Seca biegt eine gut ausgebaute Straße ab, die schnell in die Höhe führt. Nach etwa 5 km weist ein Schild in einer Linkskurve auf die ==Caldeira Velha== (116/C2) hin, ein in einer romantischen Waldlichtung verstecktes Naturschwimmbecken, das von einem heißen Wasserfall gespeist wird und das ganze Jahr über ein entspannendes Thermalbad erlaubt. Der breite Feldweg endet an den kurz davor liegenden Schwefelquellen. Wieder auf der Straße, dampft es kurze Zeit später ganz beträchtlich. In dieser Gegend hat man zwei geothermische Werke eingerichtet, die mit Hilfe eines 15 cm breiten und mehrere 100 m tiefen Bohrlochs die natürliche vulkanische Erdenergie umwandeln und direkt ins Stromnetz leiten (1997 lieferten sie um die 20 Prozent des Strombedarfs von São Miguel). Die Straße steigt weiter bis zum Kraterrand des Lagoa do Fogo an. Der »Feuersee« liegt plötzlich mit seiner tiefen Stille und Abgeschiedenheit unter Ihnen. Es ist der einzige der drei

großen Kraterkomplexe, der naturbelassen blieb. Die Vögel, die dort brüten, danken es mit ihrem fröhlichen Geschrei und der ganze Krater mit einer unvergleichlichen Schönheit. Er ist durch den Vulkanausbruch des *Pico da Sapateira* erst 1563 in seiner heutigen Form entstanden und wirkt recht unheimlich. Ein schmaler, rutschiger, mühsam zu gehender Fußweg leitet zum Ufer hinunter. Die Straße führt auf dem Kraterrand weiter in die Höhe, unterhalb des Antennenberges *Pico da Barosa* (947 m), und nun erblicken Sie gleichzeitig die Nord- und Südküste der Insel. Auf der Straße hinunter zur Südküste öffnet sich hinter jeder Kehre ein phantastisches Panorama auf das sanfte, großflächige Grün mit den Küstenorten am blauen Atlantik.

Sete Cidades (116/A2)

★ Verlassen Sie Ponta Delgada in westlicher Richtung, so verlassen Sie auch das quirlige Leben der Stadt und finden sich in einer überwältigenden Ruhe wieder. Zwischen hohen Hortensienhecken steigt die Straße allmählich zum Kraterrand an. Nach sanft schwingenden Kurven am ⋙ *Vista do Rei,* benannt nach einem Besuch von König Carlos I. 1901, oben auf dem Kraterrand angekommen, haben Sie das friedliche Panorama auf den riesigen Krater von Sete Cidades (Sieben Städte) vor sich. Sie stehen auf etwa 550 m Höhe des, auf dem Grat 18 km umfassenden, Kraterrandes, der an seinem höchsten Punkt 850 m mißt. Im Krater auf 250 m Höhe liegen der *Lagoa Azul,* der blaue See, und der *Lagoa Verde,* der grüne See. Es handelt sich genaugenommen um einen See, dessen flachste Stelle von einer Brücke überspannt wird. Am Ufer liegt das Dorf *Sete Cidades*. Die mit der Japanischen Sicheltanne aufgeforsteten Flächen ziehen sich in eleganten Schwüngen an den Weideflächen entlang. Drei weitere kleinere Kraterseen bleiben hinter den Bäumen verborgen. Der Grat des Kraters hebt sich vom Blau des Atlantiks ab. Kaum vorstellbar, daß diese großartige Landschaft erst wenig älter als 500 Jahre ist. Laut Berichten des Seefahrers und Besiedlers Conçalo Velho Cabral gab es ursprünglich einen etwa 1200 m hohen Berg im Westen der Insel. Dieser Vulkankegel muß wohl 1444 explodiert sein, denn als Cabral in dem Jahr wieder nach São Miguel kam, war der Berg verschwunden, das Meer aufgewühlt, Lavabrocken und Baumholz trieben umher, und hohe Rauchwolken stiegen in den Himmel.

Zu Fuß können Sie vom *Vista do Rei* auf dem ganzen Kraterrand entlanglaufen (im Uhrzeigersinn), was aber besonders im nördlichen und östlichen Teil nur geübten Wanderern mit gutem Schuhwerk und bei klarer Sicht empfohlen werden kann. Der erste Teil ist ein Landwirtschaftsweg, etwas holprig, doch für Pkw befahrbar. Auf der einen Seite blicken Sie in den Krater, auf der anderen hinunter auf den schmalen Küstenstreifen und zum Atlantik. Oder Sie halten sich am Vista do Rei nach Osten und biegen bald nach links in den Wald ab und fahren auf dieser Naturstraße in den Krater hinein, begleitet von Tannen, Zedern, Farnen und Moosen, die sich plötzlich lichten und in sanfte Weiden übergehen. Schon haben Sie linker Hand von einem Aussichtspunkt aus einen schönen Blick auf den tiefgrünen, fast kreisrunden Kratersee *Lagoa do Santiago,* dessen bewachsene Kraterwände steil aus dem See aufsteigen. Dann fahren Sie über die schon von oben entdeckte Brücke zwischen dem Lagoa Azul und dem Lagoa Verde und gleich darauf an zwei Anwesen vorbei, wo zumindest von März bis Mai der Blick nicht von der Azaleenpracht lassen kann. Ein kurzer Spaziergang im prachtvollen Garten rechts der Straße, dessen grünes Holztor nie abgeschlossen ist, lohnt sich immer.

Das Dorf *Sete Cidades* hat kaum mehr als 800 Ew., die, wer würde es bezweifeln, hauptsächlich von der Landwirtschaft leben. An der Straße, die senkrecht auf das Seeufer zuführt, liegen zwei Lokale, besonders vor und im, dem Seeufer näheren, *Lagoa Azul* spielt sich reges Dorftreiben ab, im hinteren Raum serviert die Chefin gute Hausmannskost. Auffallend sind die Vorratshäuser des Dorfes, die auf hohen Steinen als Schutz vor Ungeziefer und Feuchtigkeit stehen und kurzerhand als Wäschetrockenplatz mit genutzt werden. Fahren oder spazieren Sie am Seeufer nach Norden, treffen Sie auf einen Picknickplatz, der auch das Ende des Sandweges darstellt. Kurz dahinter ist der Eingang des Tunnels zu sehen, der 1930–37 gebaut wurde und sich 1200 m lang durch den Kraterrand bohrt. Er dient als Überlaufrinne für den See, doch man kann auch hindurchgehen (Taschenlampe). Die

Einheimischen nutzen immer noch diese Verbindung zu ihren Nachbarn an der Küste.

Wer in dieser märchenhaften Umgebung einige Tage verbringen möchte, ist bei *B. Dallmer* und *A. Thorwest* gut aufgehoben, die eine kleine Pension mit drei Zimmern betreiben *(Rua Nova 4, Sete Cidades, Tel. 953 49).*

Fahren Sie auf der Hauptstraße aus dem Krater hinaus und biegen Sie dann gen Norden ab. Sie kommen zunächst durch den Küstenort *Mosteiros,* der nicht nur einen kleinen Sandstrand hat, sondern auch heiße Quellen im Meer, die die Lavapools erwärmen. Die vorgelagerten Felsinselchen, die *Ilhéu dos Mosteiros,* fallen von weitem ins Auge. Nach zusätzlichen Kurven lockt im Ort *Santa Bárbara* das Restaurant *Cavalo Branco* mit köstlich zubereiteten typischen Inselgerichten *(Tel. 983 65, Mo geschl.).*

FURNAS

(117/E3) Furnas ist nicht nur der Name eines Dorfes (ca. 1000 Ew.) im gleichnamigen Tal, Furnas steht zudem für eine bezaubernde Natur, für unvergleichliche Ruhe und somit für Erholung und Entspannung.

Während den Besuchern an den heißen Quellen des Kratersees wegen der wohlriechenden Gerichte, die dort in Erdlöchern gegart werden, das Wasser im Munde zusammenläuft, stockt einem bei den heißen Quellen am Dorfrand eher der Atem. Hier ist die Kraft des Erdinneren deutlich zu sehen, zu hören, zu riechen und zu spüren. Ein weiteres Muß ist der Park von Terra Nostra, zu dem sich die Besucher,

die länger in Furnas verweilen, immer wieder hingezogen fühlen. Wie oft Sie dort auch spazieren gehen, es werden Ihnen immer wieder Pflanzen auffallen, die Sie vorher noch nicht erblickt haben. Wenn nach so vielen Eindrücken ein entspannendes Bad angesagt ist, so steht das öffentliche Thermalbecken des Parks zur Verfügung. Dessen bräunliches, da eisenhaltiges Wasser sprudelt aus einer 38 Grad warmen Quelle.

Das Dorf *Furnas* liegt in einem 6,5 km langen Einsturzkrater, in dem durch spätere Vulkanausbrüche weitere kleinere Krater entstanden sind. Der letzte Vulkanausbruch von 1630 erschütterte die ganze Gegend, forderte an die 200 Menschenleben, vernichtete Vieh und Ernte und ließ den Krater der heutigen Lagoa Seca entstehen. Angst und Schrecken über dieses Unglück saßen so tief, daß das Tal danach jahrzehntelang unbewohnt blieb. Doch der fruchtbare Boden und die vielen Quellen lockten schließlich wieder Familien aus der Umgebung an, und diese legten den Grundstein für das heutige Dorf. Schon bald kamen auch Leute aus Ponta Delgada, neugierig auf die heilende Wirkung der Thermalquellen. So kam Furnas als Kurbad in Mode, und 1770 besuchte dann auch der amerikanische Vizekonsul und Orangenexporteur Thomas Hickling Furnas. Er war von dem Idyll so sehr angetan, daß er hier seine Sommerresidenz bauen und den Park anlegen ließ, den man heute Terra Nostra nennt.

Doch eigentlich ist das ganze Tal ein einziger Park, rund 270 m über dem Meeresspiegel gelegen,

Schwefliger Dampf erfüllt die Luft an den heißen Quellen von Furnas

von zwei Bächen durchflossen, von denen der eine kaltes und der andere thermalwarmes Wasser führt. Eingebettet zwischen den kesselartigen Kraterwänden, die meist den sonst auf der Insel üblichen Wind abhalten, herrscht hier ein durch hohe Luftfeuchtigkeit gekennzeichnetes Mikroklima. Das ganze Tal schillert im April und Mai im Rot, Rosa und Weiß der Azaleen. Die Blüten werden zu wahren Prachtwerken als Straßenteppiche arrangiert, wenn in Furnas am ersten Sonntag nach Ostern das *Festa dos Enfermos* zum Gedenken an die Kranken gefeiert wird.

Im Dorf fallen Schilder mit der Aufschrift *Bolo Lêvedo* auf. Das ist ein süßes Brot aus Weizenmehl, Eiern, Zucker und Milch, kreisrund und etwa 2 cm dick. Es wird von den Kindern auch an den Straßen verkauft. Eine Spezialität der Hausfrauen des Ortes, die frisch gegessen werden sollte. In Furnas gibt es auch eine Mineralwasserfabrik. Es wird nicht nur natürlich kohlensäurehaltiges Mineralwasser *(Serra do Trigo)*, sondern auch Mineralwasser mit künstlich zugesetzter Kohlensäure und natürlichen Fruchtaromen vertrieben.

Das Tal eignet sich ideal für Spaziergänge und ausgedehnte Wanderungen. So können Sie zum See und auch an die Südküste hinunterwandern oder die vielen kleinen Wege zwischen den ausgedehnten Feldern erkunden. Doch der sportlichen Aktivitäten nicht genug. Auch ein wunderschön gelegener *Golfplatz* mit 18 Löchern auf englisch gepflegtem Rasen heißt Gäste willkommen.

Das *Badehaus von Furnas (Centro Termal, Tel. 541 03)* ist heute nur noch in den Monaten Juli, August und September in Betrieb. Es bietet Anwendungen gegen Rheumatismus, Bronchitis, Hautkrankheiten und Kreislaufstörungen.

BESICHTIGUNGEN

Caldeiras das Furnas   (117/E3)
★ Im Gebiet der heißen Quellen am östlichen Ende des Dorfes sprudeln und gluckern 22 verschiedene heiße und kalte mineralhaltige Quellen nebeneinander. Die kräftigste heiße Quelle *(Caldeira Grande)* stößt mit unglaublicher Intensität 98 Grad heißes Wasser aus und speist das in der Nähe liegende Bade- und Kurhaus. An der Quelle von *Pero Botelho* spüren Sie förmlich die Tiefe und unheimliche Kraft des Erdinnern. Die Schlammauswürfe dieser »Teufelsquelle« nut-

zen die Einheimischen als natürliche Fangopackungen. Neben dem Feld mit den winzig kleinen champagnerartig sprudelnden Quellen gart die Bevölkerung in großen, zusammengebundenen Säcken frisch geerntete Maiskolben, die dann auch gleich zum Verkauf angeboten werden.

Lagoa das Furnas   (117/E3)
★ Der 176 ha große See erstreckt sich an der Straße nach Vila Franca. Am westlichen Ufer steht die Kapelle *Nossa Senhora das Vitórias,* die 1884 der Einheimische José do Canto auf ein Versprechen hin von französischen Architekten erbauen ließ. Deren gotische Fassade spiegelt sich im Wasser. Am anderen Ende des Sees steigen Dämpfe auf und, wenn man sich nähert, der Schwefelgeruch in die Nase. Hier wird in den Erdlöchern, die heutzutage befestigt sind, der berühmte und traditionelle Fleisch-Gemüse-Topf *cozido das Furnas* gegart. Jeder kann diese natürlichen Kochstellen nutzen, im Sommer ein Ausflugsvergnügen für die Bevölkerung. Zwischen dem Gebiet der heißen Quellen und der Kapelle führt am nördlichen Ufer des Sees ein wunderschöner und schattiger Spazierweg durch einen verwunschenen immergrünen Wald.

Parque Terra Nostra   (117/E3)
★ Dieser in der Zusammensetzung seiner Pflanzen in Europa wohl einzigartige Park ist in den letzten 200 Jahren immer wieder umgestaltet und bis zu seiner heutigen Größe von 12 ha erweitert worden. Im vorderen Bereich liegt das Thermalbecken, unterhalb der vom Hotel genutzten

Yankee Hall, so benannt zu Ehren des amerikanischen Gründers des Anwesens. Noch vor den Stufen hinauf zum Badesee stehen rechts der Brücke zwei Prachtexemplare der mit der Banane verwandten *Strelizia alba* (Paradiesvogelblume). Oben zieren riesige Kamelien und Araukarien den Weg. Viele Wege, teilweise gerade, teilweise kleine und verschlungene, führen in die Tiefe des Parks, gesäumt unter anderem von Agapanthus, Kamelien, Magnolien, Buchsbäumen, Sumpflilien, Stieleichen und Farnbäumen. Die ganze Pracht wird von einem Kanal mit kleinen Grotten durchzogen, in den Teichen spiegeln sich die Pflanzen und schwimmen Schwäne.

RESTAURANTS

Terra Nostra
In gepflegter und stilvoller Umgebung mit Blick auf den Park werden traditionelle Speisen gekonnt serviert. *Rua Dr. José Jacinto Botelho, Tel. 543 04, tgl. 12–14.30, 19–21.30 Uhr, Kategorie 1*

O'Tony
Im stets gut besuchten Restaurant ißt man sehr gute einheimische Küche, frischen Fisch und im Sommer das in den Erdlöchern gegarte *cozido das Furnas. Largo do Teatro, Tel. 542 90, tgl. 12–22 Uhr, Kategorie 2*

HOTEL

Terra Nostra
Das Hotel mit direktem Zugang zum Park wurde 1997 fast vollständig renoviert, hat dennoch den Charme aus seiner Gründerzeit von 1935 nicht verloren und

bietet den idealen Ort zur Erholung. *79 Zi., Rua José J. Botelho, Tel. 543 34, 541 33, Fax 543 04, Kategorie 2*

AUSKUNFT

Posto do Turismo
Junta da Freguesia, *Rua da Igreja, P-9675 Furnas, tgl. 8–17.30 Uhr, Feiertags geschl., Tel. 543 85*

ZIELE IN DER UMGEBUNG

Nordeste (117/F2)
Ein Ausflug nach Nordeste ist ein Ausflug auf die zehnte Insel, wie dieser Teil von São Miguel wegen seiner Abgeschiedenheit und auch wegen seiner landschaftlichen Vielfalt und Einmaligkeit genannt wird. Von Furnas aus können Sie zunächst Richtung Norden gen Ribeira Grande fahren, biegen dann aber auf eine kleine Straße mit dem Hinweisschild ☀ *Salto do Cavalo* (117/E2) ab. Von diesem Aussichtspunkt reicht der Blick auf den Krater von Furnas und sogar bis Povoação hinunter. Das Sträßchen führt stetig bergab an die Nordküste nach Salga und stößt auf die Straße, die rund um die Insel geht und den Verkehr gen Osten leitet. Auf der weiteren Fahrt wartet hinter jeder Kurve ein faszinierender Blick. Die Straßenränder werden ebenso liebevoll gepflegt und mit Blumen bepflanzt wie die vielen Aussichtspunkte, die fast parkähnlich anmuten.

Der erste ist der ☀ *miradouro da Salto da Farinha* (117/E2), der mit seinen Holzhüttchen und Grillplätzen fast zum Ausruhen zwingt. Von dort kann man hinuntergehen zu einem kleinen Sandstrand oder in einem der

Wasserlöcher des Baches baden, der dort über die Felskante stürzt. Auch wenn der Aufbruch schwerfällt, die Weiterfahrt bietet nicht weniger Spektakuläres. In *Algarvia* (**117/F2**) erinnern Häuser und Namen an die Siedler, die sich dort, von der Algarve kommend, niederließen. Von hier führt eine kleine Straße zum höchsten Berg der Insel, dem 1103 m hohen *Pico da Vara* (**117/F2**), hinauf, deren letzte Wegstrecke Sie sich allerdings erwandern müssen. Weiter geht es durch *Santo António,* das durch seine vielen Palmen bezaubert, nach *Nordestinho,* hinter dessen Ortsausgang der Weg zur Einsiedlerkapelle *Nossa Senhora da Pranto* (die Wehklage) abzweigt. Die Kapelle wurde 1523 erbaut, weil dort zuvor die Jungfrau Maria einem Hirten ein schlimmes Unglück voraussagte. Dieses Unglück war dann die auf der ganzen Insel wütende Pest, die nur Nordeste verschonte. Im kleinen Weiler *Fazenda* lockt das an der Straße gelegene einfache

Lokal *O Cardoso* mit regionalen Speisen *(Tel. 48 61 38).*

Danach kommen Sie schließlich nach *Nordeste,* wo dessen 1400 Ew. in einer engen Gemeinschaft miteinander leben. Das Städtchen schmückt sich zu Recht mit dem Beinamen »blumenreichster Ort der Azoren«. Kurz vor Nordeste weist ein Schild zum *Campingplatz (Tel. 48 81 05)* und zum Schwimmbad *Foz da Ribeira,* direkt am Meer. Von hier flußaufwärts trifft man noch auf einige Wassermühlen. Am Ortseingang liegt linkerhand das *Casa do Trabalho,* wo traditionelles Kunsthandwerk gelehrt wird. Dieses Haus der Arbeit zeigt gleichzeitig eine Ausstellung der Werke und unterhält eine *Touristeninformation.* Der Ortskern ist ebenso sauber und freundlich angelegt wie die gesamte Gemeinde, hübsch anzusehen sind das Viadukt und der kleine Garten. Ein kleiner Waldpark liegt an der Straße nach Tronqueira gleich beim Restaurant *Tronqueira (Tel. 48 82 92).* Im

Der Familienausflug am Wochenende führt zum Lagoa das Furnas

43

Ortskern sorgt das *Esplanada (Tel. 48 82 86)* für das leibliche Wohl. Einige Tage in der Ruhe eines Landhauses kann man in der *Quinta das Queimadas* verbringen, die zwei Apartments (je 4 u. 6 Pers., Kategorie 3) und die hauseigenen Pferde zum Ausritt zur Verfügung stellt *(9630 Nordeste, Tel. 48 85 78, Fax 488 2 59).*

Zur Weiterfahrt an die Südküste haben Sie zwei Möglichkeiten. Sie können gleich nach Nordeste von der Inselrundstraße abbiegen und durch das bewaldete Hochland ✠ *Tronqueira* (**117/F2–3**) fahren, von dessen zentralem Aussichtspunkt auf 900 m Höhe man bis hinunter zur Küste blicken kann. Diese Fahrt empfiehlt sich allerdings nur an klaren Tagen. Sonst fahren Sie weiter auf der Küstenstraße, und Sie werden es nicht bereuen. Der Aussichtspunkt ✠ *Ponta do Sossego* macht seinem Namen »Spitze der Ruhe« alle Ehre. Am ✠ *miradouro Ponta da Madrugada* (»Spitze des Sonnenaufgangs«, **117/F3**) trifft das Meer auf die wild bewachsene Steilküste. Die gepflegten Wege rund um diesen Aussichtspunkt, die blühenden Büsche von Kamelien, Azaleen und Hortensien, der Blick auf den Steilabfall ins Meer und auf das wuchtig-grünwilde Hinterland machen es jedem schwer, sich von dem Charme dieses Plätzchens loszureißen. Danach kann ein erfrischendes Bad genommen werden: Biegen Sie von der Hauptstraße zum *Lomba Gordo* ab, und tauchen Sie an diesem einsamen Strand in die Wellen. Später ist noch ein Abstecher nach *Água Retorta* möglich, einem kleinen Ort, der auf der ganzen Insel für seinen würzigen Käse

berühmt ist. Kurz vor Povoação blicken Sie dann vom ✠ *miradouro do Pico Longo* auf den Ort an der Südküste hinab, der Sie wieder auf die Straße nach Furnas bringt.

Povoação (117/E–F3)

Der Name Povoação bedeutet schlicht »Ortschaft« und kennzeichnet den Platz, an dem die ersten Siedler Mitte des 15. Jhs. São Miguel betraten. Etwa 11 km südöstlich von Furnas gelegen, zeigt Povoação schon auf der Hinfahrt seine interessante Ausdehnung. Die 3500 Ew. leben zum einen im Zentrum direkt am Meer, zum anderen auf von dieser kleinen Ebene ansteigenden sieben Höhenrücken *(lombas)*. Dort siedelten sie wohl aus Angst davor, daß das Meer zu weit ins Land vordringen könnte. Zwischen den Höhenrücken liegen tiefe Flußtäler, die das Wasser der Bäche aus dem Hochland namens Planalto das Graminhas mit dem Berg *Pico da Vara* (1103 m) sammeln und Richtung Meer tragen. Immer wieder tritt das Wasser über die Ufer und überflutet den Ortskern. Direkt am Wasser, dort wo die ersten Siedler anlandeten, steht eine der ältesten Kapellen der Insel, die Kirche von *Nossa Senhora do Rosário.* Im 16. Jh. am Ort der ersten kleinen Kapelle errichtet, doch seitdem einige Male verändert. Im Ortskern rund um den Park, in dem auch das Denkmal zu Ehren des ersten Siedlers steht, gibt es hübsche Straßencafés. Im Restaurant ✤ *Jardim (tgl. 7–24 Uhr, Tel. 554 13)* speist man gut und sitzt mit Einheimischen zusammen. Von Povoação aus führt eine kleine asphaltierte Straße hinunter nach *Faial da Terra,* einem kleinen entzückenden Ort mit knapp 500 Ew., deren Häuser sich in Meeresnähe drängen, abgeschirmt von den bewaldeten Hängen der Umgebung und vom Rest der Insel. Oberhalb liegt versteckt der verlassene Weiler *Sanguinho.*

Ribeira Quente   (117/E3)

Dieser typische Fischerort, dessen Name sich vom warmen Fluß Ribeira Quente ableitet, der von heißen Quellen gespeist wird und hier ins Meer fließt, liegt 7 km südlich von Furnas. Der größte Teil der knapp 1000 Ew. lebt bis heute von der Fischerei. Von deren harter Arbeit kann man sich in und um den ✹ kleinen Hafen ein Bild machen. Am westlichen Ende dieses langgezogenen Ortes führt die Uferstraße zu der weiten Bucht namens *Praia do Fogo* mit einem schönen Sandstrand im Sommer; im Winter wird der Sand allerdings weggespült, und es bleiben nur Steine. Hier erwärmt sich das Atlantikwasser durch submarine heiße Quellen an einigen Stellen, an der großzügig angelegten Promenade sind Umkleide- und Duschräume zu finden. Kurz vor dem Strand an der Uferstraße serviert die kleine Bar *O'Castanheiro* köstliche Krabben.

SANTA MARIA

Obwohl an vielen Tagen in Sichtweite von São Miguel, Santa Maria liegt nur zirka 100 km entfernt, geht das Leben auf der drittkleinsten Insel der Azoren einen ganz anderen Gang als auf der Nachbarinsel. Vieles mutet südländischer an, nicht nur die weißen Sandstrände, auch die Bauweise der freistehenden Häuser. Sie sind größer und haben riesige Kamine, die von der jeweiligen Herkunft der ersten Siedler zeugen: die breiten rechteckigen von denen aus dem Alentejo, die runden von denen aus der Algarve. Die Siedler brachten auch das Töpferhandwerk nach Santa Maria. Noch heute wird hier Tonerde abgebaut und nach São Miguel exportiert. Auf Santa Maria selbst wurden bis Ende der 80er Jahre Tongeschirr und Dachziegel gefertigt. Bis zum 17. Jh. trug auch der Export des blauen Farbstoffes der Pflanze Pastel und des braunen der Flechte Urzela zum bescheidenen Wohlstand der Insel bei.

MARCO POLO TIPS FÜR SANTA MARIA

1 Anjos
An der Nordküste auf den Spuren von Kolumbus
(Seite 48)

2 Pico Alto
Vom höchsten Punkt die ganze Insel überblicken
(Seite 48)

3 Praia Formosa
Die berühmteste Badebucht der Insel
(Seite 49)

4 São Lourenço
Weinfelder, kleine Häuser, Strand und ein Inselchen
(Seite 49)

São Lourenço: Sonnenbaden am Fuße terrassierter Weinhänge

Auf Santa Maria wird das auf seine Art einzige und auf allen Inseln berühmte Musikfestival gefeiert, das *Maré de Agosto,* an dem jung und alt rund um die Freilichtbühne am Strand swingt und feiert.

Die Ortschaften auf Santa Maria schmiegen sich im Inselinneren wie Puppendörfer in die Landschaft. Ein Indiz dafür, daß der Nebel, der auf den anderen Eilanden oft das Inselinnere umhüllt, hier nicht so schnell einfällt? Oder Ausdruck der Angst vor Piratenangriffen? Sicherlich aber die Folge der geographisch sanfteren Lage. Mit zirka 14 Mio. Jahren ist Santa Maria die älteste Insel des Archipels. Im Ursprung zwar auch vulkanisch, sind hier die vulkanischen Erscheinungen doch weniger offensichtlich, da schon wieder abgetragen, und Santa Maria weist Sedimentgestein aus dem Tertiär mit Fossilienabdrücken auf. Höchster Punkt ist der *Pico Alto* mit 590 m, der von der Inselmitte aus die zwei dominierenden Inselteile trennt: im Osten hügelige, oft bewaldete Gebiete mit einer hohen Steilküste, im Westen eine sanfte Ebene, auf der auch der Flughafen liegt. Dieser Flughafen hat eine Sonderstellung. Gebaut 1944 von den Amerikanern aus militärischen Gründen, einige Jahre später auch der zivilen Luftfahrt übergeben, wirbelte er jahrelang das vorher so ruhige Inselleben durcheinander. Die Amerikaner bauten die heute noch bestehenden Wellblechunterkünfte für ihre Soldaten, errichteten ein Kino, ein Schwimmbad, eine Sporthalle und eine Kirche rund um den Flughafen. Die Bevölkerungszahl wuchs auf 12 000 an (heute noch knapp 6000), die amerikanische Welle schwappte nach Santa Maria über. Nach dem Krieg diente der Flughafen als Auftankstation für Transatlantikflieger und bot viele Arbeitsplätze. In den 70er Jahren war dann der Boom vorbei, die großen Maschinen kamen ohne Zwischenstopp über den Atlantik, die TAP flog direkt Ponta Delgada an, während vorher alle Besucher auf Santa Maria in kleine Flugzeuge umsteigen mußten. Heute landet neben wenigen Chartermaschinen nur noch die kleine SATA auf der 3000 m langen Piste. Um die Inselökonomie wieder zu dynamisieren, wurde Ende der 80er Jahre dort eine Art Freihandelszone eingerichtet, um ausländische Investoren anzulocken, doch bisher ohne Erfolg. So behält die Insel ihren ganz eigenen Charme und bleibt ein ruhiges Sommerparadies, nicht nur für Azoreaner.

VILA DO PORTO

(116/C6) In der Hauptstadt der Insel liegen alle wichtigen Gebäude entlang der Hauptstraße, die sich vom Hafen aus die Stadt hinaufzieht. Die Gegend zwischen dem Flughafengebäude und dem Ortskern kann wahrlich nicht als schön bezeichnet werden, stehen doch heute die ehemaligen Unterkünfte und Verwaltungsgebäude der Amerikaner ziemlich verloren da. Auch die Stadt selbst mit 3300 Ew. wird der Schönheit der umliegenden Natur und dem Charme der anderen Ortschaften nicht ganz gerecht, doch sie birgt dafür Zeugnisse der Entdeckerjahre der Azoren und der Kämpfe gegen immer wiederkehrende Piratenangriffe in sich.

BESICHTIGUNGEN

Das im 16. Jh. gebaute ☀ *Fort São Braz* oberhalb der Hafenmole, an dessen Kanonenrohren der Zahn der Zeit nagt, zeugt von früheren Kämpfen. Angelegt wurde es von den damals über Portugal herrschenden Spaniern, die ihre Habseligkeiten vor den Piraten schützen wollten. Von dort überblickt man die große

Hafenbucht. Weiter oben an der Hauptstraße steht rechts das verlassene weiß-rosa und wahrscheinlich älteste Gebäude der Insel, das ehemalige Wohnhaus des ersten Inselverwalters João Soares da Sousa, aus dem 15. Jh. Es folgt die Pfarrkirche *Nossa Senhora da Assenção,* die im 16. Jh. gebaut, doch bis ins 18. Jh. immer wieder erneuert wurde. Sehenswert sind das gotische Eingangsportal und die manuelinische Decke. Am nächsten Platz liegen das ehemalige *Franziskanerkloster,* jetzt Gemeindeverwaltung, mit einem gepflegten und gut erhaltenen Kreuzgang, und die Kirche *Nossa Senhora da Vitória* aus dem 17. Jh. Auch die Stadtbibliothek ist in einem ehemaligen Kloster untergebracht, dem von *Santo António* mit gleichnamiger Kapelle.

RESTAURANTS

Canoa

◉ Großzügiges, gemütlich gestaltetes Restaurant, Fischspezialitäten. *Rua do Cotovelo, Tel. 826 91, tgl., Kategorie 2*

Club Naval

Von der Terrasse blickt man auf den Hafen, es werden im Café kleine Snacks serviert, im Sommer *tgl., Kategorie 3*

O'Fontes

Fleisch- und Fischspezialitäten der einheimischen Küche, Reservierungen erbeten. *Cruz Teixeira, Tel. 823 72, Kategorie 1*

Padaria Velha

🕴 Pub-Restaurant an der Straße zum Flughafen mit gutem Essen in gemütlicher Atmosphäre. *Nur abends geöffnet, Mo geschl., Estrada de Baixo, Tel. 861 29, Kategorie 2*

HOTELS

Aeroporto

In den ehemaligen Offiziersunterkünften sind 47 Zimmer, eine Bar und ein öffentliches Restaurant untergebracht. *Am Flughafen, Tel. 862 11, Fax 865 34, Kategorie 3*

Mar e Sol

Aparthotel direkt am Strand von Praia Formosa, Bar und Aufenthaltsraum. *10 Ap., Tel. 823 34, 844 99, Fax 843 16, Kategorie 2*

Praia de Lobos

Modernes Hotel im Ortszentrum mit Bar und öffentlichem Restaurant. *34 Zi., Rua Mercado, Tel. 822 86, Fax 824 82, Kategorie 1*

AUSKUNFT

Posto de Turismo

Im Flughafen, bei Ankunft von Flugzeugen geöffnet. *Aeroporto, P-9580 Vila do Porto, Tel. 863 55*

ZIELE IN DER UMGEBUNG

Anjos   (116/C5)

★ Dieser kleine Ort an der Nordwestküste ist einer der ältesten auf Santa Maria. Hier ging Christoph Kolumbus mit seiner Mannschaft auf der Rückfahrt von Amerika 1493 an Land, um im Gebet für die glückliche Reise zu danken. Freilich wurden die fremden Segler nicht gleich willkommen geheißen, man spricht sogar von Gefangennahme. Wer könnte es den damaligen Bewohnern verübeln, die ständig in Angst und Schrecken vor Piratenüberfällen lebten. Doch glücklicherweise klärte sich der Irrtum auf, und die Mannen um Kolumbus konnten in Anjos ihr Dankgebet zum Himmel schicken. Sie sollen auch das Kreuz aufgestellt haben, das heute noch auf dem Hügel am Ortseingang zu sehen ist. Von der alten Kirche ist nur noch ein Mauerstück mit Türbogen übriggeblieben. Doch an gleicher Stelle wurde wieder eine *Kapelle* errichtet, die 1893 ein letztes Mal originalgetreu renoviert wurde. Der Altar stammt vom Schiff des Gonçalho Velho Cabral, der im Auftrag Heinrich des Seefahrers die Insel erkundete. Sehenswert sind weitere Holzarbeiten aus dem wertvollen *pau branco*, einem weißen Holz. Falls die Tür der Kapelle verschlossen sein sollte, können Sie die Nachbarn nach dem Schlüssel fragen. Gegenüber blickt Kolumbus in Riesenausgabe einmal nicht zum Meer, sondern zur Kapelle.

Kapelle Nossa Senhora da Fátima   (117/D5)

✽ 150 Stufen in Analogie zum Rosenkranz führen im Norden der Insel bei *Lagoinhas* zur Wallfahrtskapelle, die an die Legende von Fátima erinnert. In Fátima, einem Ort nördlich von Lissabon, erschien die heilige Jungfrau Maria mehrere Male einigen Kindern. Von der Kapelle aus bietet sich ein schöner Blick auf die hügelige Landschaft der Nordküste.

Parque Florestal Fontinhas   (117/D5–6)

Der Park hat endemische Pflanzen, seltene Bäume, ein kleines Wildgehege und schattige Picknickplätze.

Pico Alto (117/D5)

★ 〰️ Verschaffen Sie sich vom höchsten Punkt in 590 m Höhe einen faszinierenden Überblick über Santa Maria. Die Straße steigt sanft in einem Wald an, der in allen nur erdenklichen Grüntönen schimmert. Von oben schauen Sie zunächst auf den flacheren und kahleren Westteil der Insel; gehen Sie um die Bergspitze herum, liegt unter Ihnen die spielzeugartig anmutende Landschaft des Ostens mit tiefen Tälern und weißgetünchten Dörfern.

Ponta de Castelo (117/E6)

〰️ Vom Leuchtturm am südöstlichen Punkt der Insel hat man einen überwältigenden Blick auf die Südküste. Ein kleiner Pfad führt hinunter zum ehemaligen Walfängerhafen, der jetzt zu Sonnenbad und Picknick einlädt. Ein Stück weiter an der Ostküste liegt das fast verlassene Dörfchen *Maia* mit einem großen Naturschwimmbecken in malerischer Umgebung.

Praia do Norte (117/D5)

Die einstige Militärstation ist jetzt wild zugewachsen, doch kleine Wege führen in die Nähe der Küste mit Blick auf die Bucht von Tagarete und das davorliegende Inselchen. Weiter südlich können Sie der Kapelle von *Senhora de Lurdes* einen Besuch abstatten. Von der Kapelle aus haben Sie einen guten Blick auf die Westküste.

Praia Formosa (117/D6)

★ In Almagreira, zu deutsch Tonerde, biegt die Straße nach Praia Formosa zum berühmten Strand ab. Der Ort wird oft auch einfach *Baía* (Bucht) *da Praia* genannt. Im Sommer landet heller Sandstrand an, der im Winter weggespült wird. Viele der Häuser sind nur im Sommer bewohnt. Dann hat auch das 🍴 *Café-Restaurant Paquete,* in der Form eines Schiffes gebaut, geöffnet, das sogar eine kleine Disko unterhält. Hier am Strand findet das *Maré de Agosto* statt. Auf halbem Wege hinab lockt der Aussichtspunkt 〰️ *Macela* mit Picknickplätzen.

Santo Espírito (117/E5–6)

Dieses typische, inmitten von hügeligem Grün gelegene, weiße Dorf hat eine auffallende *Pfarrkirche* aus dem 17. Jh. mit beeindruckender barocker Fassade und sieben Altären im Inneren. Hier wurde vermutlich das erste Heilig-Geist-Fest der Azoren gefeiert. Links unterhalb der Kirche informiert das 1996 eingeweihte *Museum* auf azoreanisch liebevolle Weise über den Abbau und die Weiterverarbeitung der Tonerde von Santa Maria und über das ländliche Leben auf der Insel. *Di–Fr 10–12, 14–17 Uhr, Sa u. So nur nachmittags, Mo geschl.*

São Lourenço (117/D5)

★ Schon auf der Fahrt hinab begeistert die weite Bucht mit dem weißen Sandstrand, den weißgetünchten Häusern und dem in Mauern terrassierten Weinhang. Das Inselchen davor vervollkommnet die Schönheit dieser Bucht. Im Sommer ist der Platz freilich von Sonnenhungrigen recht bevölkert. Dann öffnen auch die kleinen Bars, und man kann mit einem Fischerboot zum Inselchen dos Romeiros hinauspilgern, bzw. direkt in die dortige mit Stalagmiten und Stalagtiten besetzte Höhle hineinfahren.

Ein Triangel im Atlantik

Drei Inseln, so nah beieinander und doch so verschieden

Auf Faial ein großer Krater, Yachten aus aller Welt und der Schauplatz des jüngsten Vulkanausbruchs auf den Azoren, auf Pico ein alles beherrschender Berg und eine wilde Natur, auf São Jorge eine liebliche Hügellandschaft: Zu entscheiden, welche der drei Inseln die reizvollste ist, fällt schwer, wenn es nicht gar unmöglich ist.

FAIAL

Faial gilt als Insel mit internationalem Flair, was sie dem berühmten Seglerhafen verdankt, den jährlich Hunderte von Yachten aus aller Welt ansteuern, viele von ihnen auf einem Trip rund um den Globus. Das bunte Treiben prägt nicht nur den Hafen von Horta, sondern in gewisser Weise das ganze Leben auf der Insel. Die Leute von Faial gelten als weltoffener als die anderen Insulaner, ihre Sprache ist dem Portugiesischen des Festlandes am ähnlichsten. Die sich in breiten Streifen den Krater hinaufzie-

Mitten im Atlantik thront auf der Insel Pico der höchste Berg Portugals

henden blauen Hortensienhekken geben der Insel den Beinamen »blaue Insel«.

Der Internationalismus hatte schon in den frühesten Anfängen der Besiedlung von Faial, damals noch »Ilha da Ventura« genannt, seinen Ursprung. Durch verwandtschaftliche Beziehungen zwischen Flandern und Portugal angelockt, landete im 15. Jh. der flämische Adlige Josse van Huerter mit seinen Landsleuten auf der »Insel des Glücks«, eigentlich um Edelmetalle zu finden, die es aber nicht gab. Begeistert von der Fruchtbarkeit des Bodens, blieb er auf Faial, führte die Färbepflanze Pastel und andere Agrarprodukte aus und bekam 1468 den Lehnsbrief der Insel. Wegen der vielen Faya-Büsche, die die Insel bedeckten, wurde diese in Fayal umbenannt. Der Ortsname Flamengo erinnert noch heute an die flämischen Siedler. Die Tochter von van Huerter heiratete den Nürnberger Martin Behaim, den Schöpfer des ersten Globus. Er hat mehrere Jahre auf Faial gelebt. Im 18. Jh. bewiesen die Bewohner Faials erstmals ihr wirtschaftliches Geschick: Sie exportierten den Wein der Nachbarinsel Pico nach Europa und bis an den Zarenhof – woher sonst kann ein Café in Horta den Namen *Volga* haben. Später kamen die amerikanischen Walfänger, und 1808 wurde John Bass Dabney amerikanischer Konsul auf Faial und organisierte die Wirtschaft der Insel: Walfangfabriken, Tabakindustrie, Orangenexport. Ende des Jahrhunderts verließ er die Insel wieder. Es kamen Telegraphengesellschaften, unter anderem die Deutsch-Atlantische, und Faial entwickelte sich zur zentralen Station der Unterseetelegraphenkabel. Im 20. Jh. wurde der Hafen von Horta zum Landeplatz von Wasserflugzeugen auf Transatlantikflügen, auch die deutsche Lufthansa nutzte diese strategisch günstige Lage. Kann es da ausbleiben, daß man angeblich auf Faial ganz besonders viele Blonde und Hellhäutige unter den rund 15 000 Einheimischen findet?

HORTA

(112/C4) Ob der Name vom Flamen van Huerter oder vom portugiesischen Wort für Gemüsegarten, *horta,* abgeleitet wurde, bleibt ungewiß. Heute hat diese charmante Kleinstadt ungefähr 7000 Ew. und ist seit 1976 Sitz des Parlaments der Azoren, in dieser Zeit wurde auch die Schreibweise Fayal in Faial geändert.

Der ★ *Yachthafen* wurde 1986 eröffnet und bietet eine farbenfrohe Kulisse. Höhepunkt des Jahres sind hier die Feiern zur *Semana do Mar* im August. Nicht allein die Boote aus aller Welt prägen den Hafen, sondern zusätzlich die Bilder, die traditionsgemäß die Yachtbesitzer hier an die Hafenmauer und aufs Pflaster malen. Tun sie das nicht, könnte dem Boot auf der Weiterfahrt ein Unglück widerfahren. Schweift der Blick über die Segelmasten in die Ferne, sieht man im Hintergrund, als ob es zur Vervollkommnung noch gefehlt hätte, die gleichmäßige Form des Pico auf der Nachbarinsel. Ein wahrhaft unvergleichlicher Anblick. Wollen Sie einen Kaffee inmitten des bunten Treibens trinken, die »Zweigstelle« vom ⚗ *Café Sport* liegt direkt im Yachthafen. Das eigentliche ★ ✪ *Café Sport* (tgl. 9–24 Uhr) liegt an der Straße *Rua Tenente Valadim,* die zur Anlegestelle der inseleigenen Boote führt. Gegründet wurde das Café

1918 von José Azevedo, der von einem englischen Marineoffizier »Peter« genannt wurde, deshalb wird die Kneipe auch *Café Peter* oder *Peters Café Sport* genannt. Wimpel und Flaggen aus aller Herren Länder lassen die holzvertäfelten Wände und Decken kaum noch erkennen. Einheimische und sonnenverbrannte Segler genießen in gleicher Weise die freundliche und fröhliche Atmosphäre. Hier kann man Nachrichten und Post hinterlassen oder in Empfang nehmen, für einen Segeltrip anheuern, Postkarten oder Andenken kaufen, Geld wechseln und natürlich den besten Gin Tonic zwischen Europa und Amerika trinken. Nicht zu vergessen ist zudem auch das private Museum im ersten Stock des Hauses mit einer Sammlung von verzierten Walzähnen und -knochen und der berühmten Photographie eines Neptunkopfes, gebildet durch die Gischt einer Riesenwelle an der Küste von Faial *(Mo–Sa 9–13, 16–18.30 Uhr, So 9–13 Uhr)*.

Die Stadt ist großzügig angelegt, drei Straßen verlaufen parallel zum Hafenbecken, die immer wieder in hübschen Plätzen zusammenkommen. Die Häuser stammen aus dem 18. und 19. Jh., interessant sind die kleinen Balkone und Erker. Die Bucht von Horta wird am südlichen Ende vom 145 m hohen Vulkan *Monte Guia* begrenzt, von dem man einen großartigen Überblick auf Hafen und Stadt hat sowie auf die Bucht von *Porto Pim* mit breitem, dunklem Sandstrand und auf die beiden Krater, die vom Meer überspült sind und *Caldeira do Inferno* (Höllenkrater) genannt werden.

BESICHTIGUNGEN

Igreja Nossa Senhora das Angústias

Erbaut im 17. Jh., am Ort einer Kapelle, die die Frau des Inselverwalters Huerter bereits im 15. Jh. errichten ließ. Die Kirche ist der Schutzpatronin der Fischer geweiht, die im nahen Hafen auslaufen. Das Innere ist schlicht. Erwähnenswert sind die Weihnachtskrippe (18. Jh.) und die Gedenkschrift an Martin Behaim,

Beim Anblick der Malereien am Hafen von Horta wächst das Fernweh

den Schöpfer des ersten Globus. *Rua Vasco da Gama, tgl. 9–12, 14–17 Uhr*

Igreja de São Francisco

Die Kirche aus dem 17. Jh. ist sehenswert wegen ihrer barocken Front, der Kachelbilder mit Bibelszenen und der vergoldeten Schnitzereien im Inneren. Hier ist auch das Museum für Kirchenkunst untergebracht. *Rua Conselho Medeires, tgl. 10–12, 14 bis 16.30 Uhr*

Igreja Matriz de São Salvador

Diese Kirche gehörte zu einem ehemaligen Jesuitenkloster, nach dem Baubeginn von 1696 wurde sie mehrfach im 18. Jh. verändert. Im Inneren befinden sich wertvolle Möbel aus Edelhölzern mit Elfenbeineinlegearbeiten und Silberbeschlägen. *Rua E. Rebelo, Juli tgl. 14–17 Uhr, Aug. und Sept. tgl. 9–12, 14–17 Uhr*

MUSEEN

Museu de Capelinhos (112/A3)

In einem typischen kleinen Steinhaus verbirgt sich die interessante und aufschlußreiche Darstellung des jüngsten Vulkanausbruches von 1957/58 mit Karten, Bodenproben und faszinierenden Photos. *Capelinhos, tgl. 10–13, 14–17.30 Uhr*

Museu da Horta (112/C4)

Dieses Museum im früheren Jesuitenkolleg hat als Hauptattraktion eine Sammlung von Feigenmarkmodellen. Bauwerke, Schiffe, Szenen des azoreanischen Lebens und ganze Landschaften wurden in mühevollen Stunden feinfühliger Handarbeit aus dem weißen Mark des Fei-

genbaums naturgetreu nachgebildet, wobei großflächige Szenen ein Gewicht von nur wenigen hundert Gramm haben. *Rua E. Rebelo, Di–Fr 9.30–12.30 Uhr, Sa u. So 14–17.30 Uhr, Mo geschl.*

RESTAURANTS

A Árvore

Innen gemütlich, Spezialität: Tintenfisch. *Rua da Conceição 23, Tel. 325 00, Mo geschl., Kategorie 2*

Biraca

Serviert köstliche Meeresfrüchte. *Rua de Conceição, Tel. 311 59, Mi bis So 12–15, 19–22.30 Uhr, Di geschl., Kategorie 1–2*

Capitólio

Solides und bei Einheimischen sehr beliebtes Restaurant. *Rua Conselho Medeiros 23, Tel. 225 38, Sa geschl., Kategorie 3*

Capote

Mit Blick auf Hafen und Holzkohlegrill, auf dem Fleisch und Fisch brutzeln. *Avenida Marginale, Tel. 232 95, Kategorie 2*

EINKAUFEN

Arbeiten aus Walknochen, schöne Postkarten und Hemden mit Walaufdruck und vieles mehr im Laden des *Cafés Sport* gleich neben der Kneipe. Fischschuppenarbeiten kann man im Nebenraum des Museums und Früchte der Insel auf dem kleinen Markt am Ostende der Stadt kaufen.

HOTELS

Landhaus Buganvilha

Liegt inmitten eines Gutes mit Obstbäumen und Blumenzucht,

8 Zimmer, teilweise mit Koch-möglichkeit; Bar und Aufenthalts-raum. *Castelo Branco, Tel. 93255/ 937 40, Fax 937 43, Kategorie 2*

Hotel Fayal

In den ehemaligen Gebäuden einer amerikanischen Kabelge-sellschaft eingerichtet, mehrfach um- und angebaut; mit Swim-mingpool, Bar, Tennisplatz und Panoramarestaurant mit Blick auf Stadt und Hafen. *123 Zi., Rua Consul Dabney, Tel. 221 81/5, Fax 221 89, Kategorie 1*

Estalagem Santa Cruz

Die 25 Zimmer in der ehemali-gen Befestigungsanlage aus dem 16. Jh. sind etwas dunkel, mit Re-staurant und Bar. *Rua Vasco da Gama, Tel. 230 21/2, Fax 239 06, Kategorie 1*

Residencial São Francisco

Im Stadtzentrum, einige der 32 Zimmer mit Hafenblick. *Rua Conselho Medeiros 13, Tel. 229 57, 230 64, Fax 310 28, Kategorie 2*

SPORT UND SPIEL

Aquaticus

Gleitschirmfliegen, Wasserski, Segeln, Mountainbiking, Tau-chen und Surfen mit Betreuung. *Alameda Barão de Rochas 24, Tel. 318 05, Fax 232 79*

Walbeobachtung

Baleia à vista, Auskunft *Café Peter, Tel. 223 27, Fax 312 87*

AUSKUNFT

Posto de Turismo

Rua Vasco da Gama, P-9900 Horta, Tel. 222 37, Fax 220 06, Mo–Fr 9–12.30, 14–17.30 Uhr

ZIELE IN DER UMGEBUNG

Botanischer Garten   (112/C4)

Im Tal von *Flamengos,* ungefähr 2 km von Horta entfernt, liegt der Garten, in dem auf über 5 qkm geschützte und gefährdete Pflanzen gezeigt und gezüchtet werden sowie eine kleine Photo-ausstellung geboten wird. *Quinta de São Lourenço, Vale dos Flamengos, Di–Fr 9.30 bis 12.30, 14–17.30 Uhr*

Caldeira   (112/B3)

Die Fahrt zur ★ ✿ Caldeira sollte möglichst bei klarem Wetter unternommen werden. Schauen Sie zum Gipfel des Pico hinüber, und schätzen Sie ab, auf welcher Höhe die Wolken lie-gen. Die Tour führt zunächst am blühenden Tal von Flamengos vorbei. Es wird verständlich, warum die ersten Flamen dort siedelten: windgeschützt, frucht-barer Boden und von Seeräubern nicht leicht zu entdecken. Da-nach geht es hinauf zum Krater-rand. Oben am Parkplatz geht es durch einen fünf Meter langen Fußgängertunnel, schon breitet sich der Krater in seiner ganzen Schönheit aus. Von 900 m Mee-reshöhe blicken Sie 400 m tief hinab auf den sumpfigen Grund der Caldeira. Der Krater hat einen Durchmesser von etwa 2 km, seine Hänge sind mit Ze-dern, Wacholder, Farnen, Faya und Moosen bewachsen. Der höchste Punkt des Kraterrandes ist der *Cabeço Gordo* mit 1043 m Höhe, heute mit Antennen be-stückt. Bei klarer Sicht haben Sie einen wunderbaren Blick auf Pico, São Jorge und sogar bis Gra-ciosa. Auf dem Kraterrand führt ein, zumindest nach dem Anten-nenberg, teilweise schmaler und etwas feuchter, aber lohnender Wanderweg um den Krater herum, zum Teil zwischen übermannshohen Hortensienhecken. Während der drei- bis vierstündigen Wanderung können Sie bei freier Sicht den herrlichen Panoramablick genießen. Gutes Schuhwerk ist für diese Wanderung angebracht.

Capelinhos (112/A3)

★ ⚜ Dies ist der Ort des jüngsten Vulkanausbruches auf den Azoren. Alles begann mit Erdstößen am 16. September 1957. Einige Tage später gab es die ersten Eruptionen vor der Westküste der Insel, bald folgten heftigere mit Aschenregen, und im Oktober entstand schließlich eine kleine Kraterinsel, die kurz darauf fast wieder verschwand. Es kam zu weiteren Ausbrüchen vor der Westküste, eine Insel bildete sich heraus, die durch Lavaauswürfe mit der Hauptinsel verbunden wurde. Im kommenden Winter folgte eine Eruption nach der anderen, Häuser stürzten ein oder versanken in Asche und Sand. Im Mai 1958 erschütterte eine neue Serie von Beben die Insel. Erst im Oktober desselben Jahres, nach einem 13monatigen Naturschauspiel – das allerdings Angst und Schrecken und schwere Schäden an Gebäuden und Landschaft verursachte, doch glücklicherweise keine Todesopfer forderte –, konnten die Menschen auf Faial wieder in Ruhe durchatmen. Es waren 2,4 qkm Neuland an der Westspitze entstanden, wovon allerdings 20 Jahre später nur noch 1 qkm übrigblieb: die unwirtliche, aber um so faszinierendere Spitze von Capelinhos. Der Leuchtturm,

der aus der Sandwüste ragt, markiert eindrucksvoll die frühere Westspitze der Insel. Von den Häusern des ehemaligen Fischerdorfes *Capelo* schauen nur noch die Giebel aus dem Vulkansand, stumme, fast immer windumstobene Hinterlassenschaften der Naturkräfte. Das *Museum,* 1 km östlich im heute wieder bewohnten Teil von Capelo, dokumentiert den Vulkanausbruch auf eindrucksvolle Weise.

Bei ruhiger See läßt sich gut baden im ehemaligen Hafenbecken südlich des Leuchtturms.

Fajã da Praia do Norte (112/B3)

In der Ebene direkt an der Küste, begrenzt vom Steilabfall der Insel und vom faszinierenden Grün eines wiederbewaldeten Lavafeldes, liegt der kleine Ort mit einfachen Sommerhäusern. Am *Porto da Fajã* findet man einen breiten Sandstrand.

Praia de Almoxarife (112/C4)

Von Horta durch den eine herrliche Aussicht bietenden *Espalamanca-Hügel* getrennt, bietet dieser Ort fast südeuropäisches Flair mit seinem freilich dunklen Sandstrand, der Strandpromenade, einem *Campingplatz (Parque de campismo, Tel. 993 05)* und einigen Snackbars und Restaurants.

Varadouro (112/B4)

In dieser malerischen Bucht an der Südwestküste hat in den Sommermonaten ein kleines Thermalbad gegen Haut- und Rheumakrankheiten geöffnet *(Auskünfte Tel. 951 13).* Schön ausgebaute Naturschwimmbecken laden zum Bade. Sommerresidenzen von ausgewanderten Faialensern beherrschen den Ort, in dem zwei Restaurants, *Vista da Baía (Mi geschl., Tel. 951 40)* und *Teresinha (Mo. geschl., 951 20),* für das leibliche Wohl sorgen.

PICO

A Ilha Montagna, die »Berginsel«, wirkt von allen Seiten anziehend, immer wieder wandern die Blicke zum alles beherrschenden 2351 m hohen Vulkankegel, der sich fast ebenmäßig aus dem Meer erhebt, sieht man von der Ostflanke einmal ab. Der nur 6 km breite Kanal zwischen Pico und Faial scheint Welten zu trennen. Pico ist mit 42 km Länge und bis zu 15 km Breite die zweitgrößte Insel des Archipels, hat aber lediglich wenig mehr als 15 000 Ew. Nur kleine, meist küstennahe Gebiete sind landwirtschaftlich nutzbar, der Rest ist Hochland und wird vom Vulkan beherrscht, dessen Hänge teilweise undurchdringlich mit Lorbeer, Wacholder und Baumheide bewachsen sind. Die Küste wiederum ist relativ flach, was die vielen kleinen Häfen und auch Naturschwimmbecken begünstigt. Der letzte Vulkanausbruch ereignete sich 1718 auf einer Höhe zwischen 1300 und 1400 m. Die danach überall herumliegenden schwarzen Brocken wurden nicht nur zum Hausbau verwandt, sondern auch zu einem endlosen Gewirr von Mauern aufgeschichtet, die als Windschutz dienen. Dort, wo man keine weiteren Mauern mehr brauchte, wurden die Steine einfach zu riesigen Haufen getürmt, die Felder mußten ja wieder beackerbar gemacht werden. Die schwarze Kulisse, dazu die überwältigend kräftigen Grüntöne der wilden und vielfältigen Pflanzenwelt, mittendrin die alten Ortschaften zwischen Berg und Atlantik, dies alles macht die Faszination der Insel Pico aus. Ein auf den Azoren einmaliges Schauspiel kommt in den kalten Monaten noch hinzu, wenn die Spitze des Pico mit weißem Pulver überzogen scheint. Vom Blau des Atlantiks über das wilde Grün der Natur geht der Blick dann zum majestätischen, schneebedeckten Gipfel. Die Bewohner, Picorenser oder auch Picaroten genannt, wirken so fest verwurzelt auf ihrer Insel wie die jahrhundertealten Mauern aus Lavasteinen. Mehr als andere Insulaner sind sie den überlieferten Traditionen und Werten treu geblieben.

MARCO POLO TIPS FÜR PICO

1 Cachorro
Unbändig braust das Meer zwischen den Lavafelsen (Seite 59)

2 Hochland zwischen São Roque und Lajes
Eine Fahrt durch die ursprüngliche, naturbelassene Hochebene (Seite 60)

3 Lajes – Walfängermuseum
Ein Rückblick, der es ermöglicht, vergangene Zeiten besser zu verstehen (Seite 61)

4 Furnas do Frei Mateus
Ein interessantes Gewölbe, die Einsiedlerhöhle aus Lavagestein (Seite 62)

MADALENA

(113/D4) Nähern wir uns Madalena vom Meer aus, so fahren wir zunächst an zwei kleinen Felsinseln vorbei: *Deitado,* der Liegenden, und *Em Pê,* der Stehenden, beide unberührte Brutgebiete für Seevögel. Danach geht es gleich in den Hafen, dessen neuer Teil einfach nur funktionstüchtig ist. Der kleine alte Fischerhafen, gleich daneben, mutet da schon romantischer an. Oberhalb im alten Teil des Ortes, finden sich einige Cafés mit Blick aufs Wasser. Auf der anderen Seite wacht die Kirche *Santa Maria Madalena* über den Hafen. Sie wurde im 17. Jh. errichtet, im 19. Jh. umgestaltet. Madalena ist mit 2200 Ew. die größte der drei Kreisstädte und zugleich auch Verkehrsknotenpunkt der Insel. Hier wird die nach wie vor wichtige Schiffsverbindung mit Faial aufrechterhalten, sei es um Käse, Obst und Wein zur Nachbarinsel zu ver-

frachten oder damit die Bewohner zur Arbeit, zur Schule, zum Einkaufen oder zum Krankenhaus fahren können. Seit Jahrhunderten besteht diese Abhängigkeit Picos vom risiko- und handlungsfreudigeren Nachbarn, der den Pico-Wein teilweise sogar als Faial-Wein nach Europa verschiffte, hohe Steuern von den Picorensern forderte und ihnen den so nötigen Mutterboden verkaufte, der bis heute auf Pico rar ist. So herrscht reger Betrieb bei jeder Ankunft der Fähre von Faial (bis zu viermal tgl.). Sonst ist das Leben in Madalena eher ruhig. Man trifft sich zu einem Schwätzchen am hübschen ◈ *Dorfplatz,* der mit Straßencafés Einheimische und Besucher anlockt. Bis zu seinem Tod 1996 zeigte der ehrwürdige Senhor Quaresma seine private Sammlung von über 1100 verschiedenen und noch vollen Whiskyflaschen gerne den Besuchern. Ob sein Sohn dieses kuriose

Mühselig ist die Arbeit der Bauern auf Pico

»Whiskymuseum« weiterführen wird, ist ungewiß.

Vom Zentrum des sehr großflächigen Ortes etwa 3 km entfernt, im Ortsteil Sete Cidades, liegt der Park 🌿 *Quinta das Rosas,* der neben Rosen auch exotische Pflanzen und Bäume hütet, mit schönem Blick auf den Kanal und Faial. *Tgl. 9.30 bis 17.30 Uhr*

RESTAURANTS

O Ancoradouro
Am kleinen Hafen des Vorortes von Madalena, Areia Larga, gelegen, mit Terrasse. *Tel. 62 32 01, Kategorie 2*

Restaurant Pico
Weiträumig, aber sehr gemütlich, mit großer Terrasse; reichhaltige regionale Speisen, Picoweine. Im Sommer oft köstliches (heißes) Buffet. *Rua dos Biscoitos, tgl. 12–14, 19–22.30 Uhr, Tel. 62 23 92, Kategorie 1–2*

HOTELS

Hotel Caravelas
Der nicht gerade schöne, relativ kühl gehaltene Bau direkt am Fährhafen hat 50 Zimmer, 17 Apartments, Restaurant, Bar und Schwimmbad. *Rua Conselheiro Terra Pinheiro, Tel. 62 25 00, Fax 82 25 01, Kategorie 2*

Hotel Pico
Eine 1994/95 erweiterte Anlage mit mehreren Flügeln, sehr geschmackvoll eingerichtet, 30 Zimmer und 23 Apartments mit großzügiger Raumaufteilung. Schwimmbad im Garten, Bar, Restaurant, kleines Fitneßstudio mit Sauna; sehr freundlicher und hilfsbereiter Service an der Rezeption. *Rua dos Biscoitos, Tel. 62 23 92, Fax 62 22 92, Kategorie 2*

SPIEL UND SPORT
Schwimmen kann man in den vielen Naturbecken. Zum Wandern bieten sich die Küstenwege an, z.B. von *Lajido* nach *Santana* (**113/E4**) an der Nordküste, oder die roten Sandwege im Inselinneren, ein sehr schöner Weg führt von *Furnas de Frei Mateus* nach *Madalena* (**113/D4**). Für gute Wanderer ist natürlich der Aufstieg (hin und zurück rund 8 Std.) auf den Pico ein einmaliges Erlebnis. Die Feldwege und Nebenstraßen können jedoch auch gut zum Radfahren genutzt werden. Fahrräder verleiht in Madalena das *Café Ilhéu* am kleinen Hafen, *Tel. 62 24 26* und in Lajes *Espaço Telassa, Tel. 67 20 10.*

Walbeobachtung
Espaço Telassa, 9930 Lajes do Pico, Tel. 67 20 10, Fax 67 26 17

AUSKUNFT

Posto de Turismo
Rua Cons. Terra Pinheiro, P-9950 Madalena, Tel. 62 35 24, Mo–Fr 9 bis 12.30, 14–17.30 Uhr

ZIELE IN DER UMGEBUNG
Cachorro   (**113/D4**)
★ Das fast verlassene Dorf an der Nordküste verdankt seinen Namen einer Lavafelsformation, die mit etwas Phantasie aussieht wie ein »kleiner Hund«. Hier hat sich 1718 die Lava in bizarren Formen bis an die Küste vorgeschoben. Manche der kleinen Häuser werden als Sommerdomizil genutzt. In einem von ihnen wurde eine

Probierstube eingerichtet, in der auch Informationen über die ausgeschenkten Getränke gegeben werden. Die Palette reicht vom köstlichen Aperitifwein Verdelho über Feigen- und Tresterschnaps, Brombeer- und Honiglikör bis zu ungewöhnlicheren Getränken wie z.B. Mispelschnaps. Alles mit sehr hübschen Etiketten und zu fairen Preisen.

São Roque (113/F4)

Der Hauptort an der Nordküste verfügt in seinem Ortsteil *Cais do Pico* über einen Containerhafen. Von dort aus besteht auch die Schiffsverbindung zur Nachbarinsel São Jorge. Im Hafen steht die alte Waltranfabrik, deren Kochkessel mitsamt der ganzen Anlage als *Museum* wiederhergerichtet wurden *(tgl. 9 bis 18 Uhr, Tel. 642062)*. In São Roque blickt Heinrich der Seefahrer am alten Fischerhafen übers Meer. Eine kleine Parkanlage lädt zum Rasten und ein schönes **Naturschwimmbecken** zum Abkühlen ein. Das alte Franziskanerkloster im oberen Ortsteil wartet noch auf seine Renovierung.

Hochland zwischen São Roque und Lajes (113/F4–5)

★ Die einzigartige Panoramastraße durch das Inselinnere verbindet die Nord- mit der Südküste. Von São Roque kommend, schraubt sich die hortensiengesäumte Straße zwischen Criptomeriawäldern hoch, die bald von Lorbeer, Zedern, Baumheide und Wacholder abgelöst werden. Ein ✹ Aussichtspunkt gibt den Blick frei auf die Nordküste und auf São Jorge. Lohnend ist der kurze Abstecher zum kleinen

Kratersee *Lagoa do Capitão* (113/F4) an der schnurgeraden Straße, die rechts nach Madalena abzweigt. Die Hochfläche von Pico ist geschütztes Gebiet. Überall stößt man auf kleine Vulkankegel, windzerrissenen Wacholder und wetterbeständige Hochlandkühe. Auf der Fahrt hinunter nach Lajes führt die mit Abeliabüschen (Geißblattgewächse) bestandene Straße durch ein schönes Waldgebiet.

Lajes und die Wale (113/F5–6)

Das Städtchen in der weiten Bucht an der Südküste war der Ort der ersten Siedler, die um 1460 auf Pico landeten. Eine Legende berichtet jedoch, daß Jahre vorher bereits ein Seemann, wohl nicht ganz freiwillig, längere Zeit auf der Insel weilte, da sein Schiff Anker lichten mußte, während er den Boden auf Siedlungstauglichkeit prüfen sollte. Dieser verlassene Seemann konnte bis zum Wiedereintreffen seines Schiffes überleben, da Jahre vorher auf Geheiß Heinrich des Seefahrers dort Vieh ausgesetzt worden war. Die Kapelle, die die ersten Siedler sofort nach ihrer Ankunft am Wasser errichteten, steht heute noch. Das Innere mit dem sehenswerten kleinen Holzaltar wurde renoviert. Lajes, mit nicht ganz 2000 Ew., war ab 1860 Zentrum des Walfangs, was man heute noch überall spüren kann. Der Walfang auf den Azoren wurde bis in die 1980er Jahre, bis zum Walfangverbot, auf traditionelle »Moby Dick«-Weise ausgeführt: mit Booten, kleiner als die Wale, mit von Hand geschleuderten Harpunen und Lanzen, als harter Kampf Mann gegen Tier. Wie wäre es wohl heute um die großartigen Meeressäuger bestellt, hätten alle Nationen mit so einfachen Mitteln die Waljagd betrieben? Von der Geschichte und der Technik des Walfangs sowie vom Leben der Walfänger und allem, was dazugehörte, können Sie sich im ★ *Walfangmuseum* von Lajes ein Bild machen. Es wurde in ehemaligen Bootshäusern eingerichtet. *(Rua dos Baleeiros 13, Di–Fr 9.30–12.30 Uhr, im Winter nur bis 12, und 14–17.30 Uhr, Sa, So u. Fei 14 bis 17.30 Uhr, Mo geschl., Tel. 67 22 76)*

Von Lajes aus können Sie Walbeobachtungsfahrten unternehmen. Sie werden in kleinen Booten unter sachkundiger Führung (in mehreren Sprachen) direkt an die Wale herangefahren und können so die faszinierenden Tiere aus der Nähe beobachten. Nebenbei wird noch über andere Lebewesen im Meer um Pico informiert, wie z.B. Wasserschildkröten; und es besteht eventuell Gelegenheit, mit Delphinen zu schwimmen, die fast immer die Boote begleiten. In den Gewässern um Pico konnten schon 22 verschiedene Walarten beobachtet werden. Zu den Walen hingeleitet werden die Boote von einem Walbeobachter, der, wie schon zu früheren Zeiten, vom Walausguck, *vigia,* mit einem Fernglas stundenlang aufs Meer blickt. Diesen Ausguck können Sie besichtigen, er liegt an der Straße nach Calheta, etwa 3 km vom Ortszentrum von Lajes entfernt. Auch ein Fußweg führt über die alte Straße immer in Meeresnähe dorthin. Auskunft und Organisation: *Espaço Talassa, Tel. 67 20 10, Fax 67 26 17.* Im Aug. wird in Lajes die Woche der Walfänger gefeiert; mit Musik,

Folklore und Geschichten der alten Walfänger erwacht dann die ganze Sehnsucht an die damaligen Zeiten. Für das kulinarische Wohl sorgt in Lajes das Restaurant *Lagoa,* das tgl. traditionelle Gerichte serviert *(Tel. 67 22 72, Largo de São Pedro).* Übernachten können Sie im *Residencial Açor (13 Zi., Rua D. João Paulino 5, Tel. 67 22 43, Fax 67 26 42, Kategorie 3).*

Piedade und der Osten (114/C5)

Der Ostteil der Insel wird nicht so sehr vom riesigen Vulkan beherrscht, hier ist das Land etwas flacher und einfacher zu bewirtschaften. Mais, Gemüse und Kartoffeln werden angebaut. Im Hafen von *Calheta de Nesquim* an der Südküste, der ersten Walfangstation der Insel von 1876, liegen einige längst nicht mehr benutzte Walfangutensilien aus: Harpunen, Lanzen, Messer etc. Auf der Weiterfahrt nach Piedade bietet sich der schöne Waldpark *Matos Souto* für eine Pause an. In der Ortschaft Piedade weist eine kleine Straße Richtung Leuchtturm *(farol)* und *Manhenhas,* wo in einem meerumspülten Naturschwimmbecken gebadet werden kann. Auf der Weiterfahrt gen São Roque entlang der Nordküste liegt *Santo Amaro* mit der inzwischen einzigen Bootswerft der Azoren. Heute werden hier hauptsächlich Thunfischfangboote gebaut, fast alles wird noch in Handarbeit gefertigt. Zusätzlicher Anziehungspunkt in Santo Amaro ist die bei der Kirche liegende *Escola de Artesanato Amizade,* die »Kunsthandwerkerschule der Freundschaft«. Einst gegründet von zwei Ordensschwestern, inzwischen staatlich, wird dort traditionelles Handwerk wie Weben, Spinnen, Sticken und Nähen gelehrt, und auch das Ansetzen von köstlichen Likören – alles steht zur täglichen Besichtigung und zum Verkauf frei *(Rua do Mar, tgl. 9–18 Uhr, Tel. 65 51 15).* Der Wirt der kleinen Weinkneipe, Carlos Melo, unweit der Werft, zeigt seine eigenhändig in mühevoller Kleinarbeit zusammengesetzten Miniaturen von Booten, Ochsenkarren und anderen landwirtschaftlichen Geräten.

Mistérios

Überall auf Pico sind Gegenden mit diesem Namen zu finden, zum Beispiel Mistério von Santa Luzia (**113/E4**) oder von São João (**113/E5**). Es sind Gebiete, die bei Ausbrüchen der über 100 verschiedenen Vulkanherde immer wieder mit Lavamassen überströmt wurden. Da sich die ersten Siedler diese Lavafelder, die Grund und Boden immer wieder zerstörten, nicht erklären konnten, nannten sie sie *mistério,* »Geheimnis«. Heute sind die Mistérios wieder mit Zedern, Wacholder und anderen Grünpflanzen bewachsen, gefördert durch die Beimischung von aus Faial herangeschaffter Muttererde unter die Lavaböden. Undurchdringliche Natur und schattige Picknickplätze – so stellt sich die Landschaft hier dar.

Furnas de Frei Mateus (113/D4)

★ Auf der Straße Madalena–Lajes geht nach etwa 10 km ein Weg ab zur Furnas de Frei Mateus, der Höhle von Bruder Matthias, der dort als Einsiedler gelebt haben soll. Die 600 m lange Höhle aus Lavagestein ist selbst mit Taschenlampen nur im oberen Teil zu begehen, wo die fließende Lava eindrucksvolle Formationen und Räume gebildet hat, beeindruckend ist schon die wildromantisch bewachsene Eingangshalle.

SÃO JORGE

Die Insel, die sich wie der Rücken eines Drachen aus dem Meer hebt, ist von Ost nach West 56 km lang, von Nord nach Süd an der breitesten Stelle jedoch nur ganze 8 km. Als viertgrößte Insel hat sie lediglich 10 000 Ew. Sie liegt in der Mitte des Archipels, was der Insel jedoch nicht

MARCO POLO TIPS FÜR SÃO JORGE

1 Fajã dos Cubres und Fajã do Santo Cristo
Liebliche, kleine Weiler unterhalb einer wilden Steilküste (Seite 65)

2 Fajã do Ouvidor
Das kleine, romantisch gelegene Dörfchen bietet Ruhe und Badespaß (Seite 65)

3 Igreja de Santa Bárbara
Ein Kleinod azoreanischer Kirchenkunst (Seite 65)

4 Panoramahöhenstraße
Ausblicke wie bei einem Rundflug (Seite 66)

5 Parque de Sete Fontes
Verschlungene Wege im Waldpark (Seite 67)

aus ihrer jahrhundertelangen Isolation half. Sie ist bis heute zu spüren. Vielleicht fehlt São Jorge die direkte »Schwesterinsel«, die anderen Inseln lassen sich ja immer in Zweiergruppen einteilen. São Jorge bietet einmalige landschaftliche Schönheiten und Gegensätze. Fast zwei Drittel der Fläche liegen oberhalb von 300 m, gipfelnd in einem Höhenzug, der sich fast über die ganze Insel zieht und im *Pico da Esperança* (1053 m) den höchsten Punkt findet. Sanfte Weiden erstrecken sich bis auf die Kuppen der Vulkankegel, unterbrochen von blaublühenden Hortensienhecken. Die Küstenregion ist von den *fajãs* gekennzeichnet. Diese kleinen, fruchtbaren Ebenen auf Meeresniveau unterhalb einer mächtigen Steilküste sind das charakteristische Merkmal der Insel. Entstanden sind sie durch Hangrutsche bei immer wieder auftretenden Erdbeben, Wasserläufe haben zusätzlich Erde mit heruntergespült. Auf beziehungsweise um São Jorge gibt es 46 *fajãs,* an der steileren Nordküste allein 30. Es war wohl der fruchtbare Boden, der bald nach der Besiedlung der Insel um 1440 die Menschen zum Bewirtschaften dieser Küstenebenen antrieb, wobei sie den beschwerlichen Zugang nicht scheuten. Bis heute sind viele *fajãs* nur über einen schmalen Fußweg zu erreichen und nur noch im Sommer bewohnt. Außerhalb dieser *fajãs* wird fast ausschließlich Milchviehwirtschaft betrieben, der mindestens drei Monate gereifte Käse (Queijo de São Jorge) gilt sogar auf dem Festland als Delikatesse. In *Beira* (**114/B2**) kann man die moderne Käserei besichtigen.

VELAS

(**114/B2**) Der Hauptort und mit 2000 Ew. auch der größte Ort der Insel schmiegt sich malerisch in eine breite Bucht am Fuße des Vulkans Morro Grande. In der hübschen Kleinstadt findet man herrschaftliche Häuser aus dem 18. und 19. Jh., die von der reichen Epoche des Orangenexports zeugen. Aus der Zeit stammt auch das barocke Rathaus mit seinem von Säulen flankierten Eingangsportal. Gegenüber ist das kleine Stadtgärtchen mit dem buntbemalten Musikpavillon allgemeiner Treffpunkt in lauen Sommernächten. Etwas weiter in Richtung Hafen bildet die Hauptkirche *Matriz de São Jorge* den Mittelpunkt eines weitläufigen Platzes. Errichtet wurde die Ursprungskirche bereits 1460 auf eine testamentarische Verfügung Heinrich des Seefahrers hin. Bis ins 19. Jh. wurde sie ständig umgebaut, heute ist nur noch der Kirchturm Relikt der Gründerzeit. Gleich daneben an der Ecke der Straße Rua Maestro F. Lacerda stößt man auf die urigste ✪ Einheimischenkneipe des Ortes, unzählige Schlüsselanhänger zieren die Decke. Am *Hafen* steht das Portão do Mar, das im 18. Jh. tatsächlich das »Tor zum Meer« war. Später wurde die Hafenmole mehrfach verlängert, so daß kleine Containerschiffe ihre Fracht entladen können. Von hier starten auch die Boote nach Pico, Faial und Terceira. An der Treppe zum Tor zeigt ein Kachelbild die ungewöhnliche Ausdehnung der Insel.

Velas hat erstaunlich viele Geschäfte, Boutiquen und Supermärkte sowie eine ✝ Diskothek in der Rua do Livramento und einen gemütlichen Pub namens *Tamanco,* zu deutsch Holzschuh, in der Querstraße davor. Der ausgeschilderte Stadtgarten am Hang muß erst noch fertiggestellt werden. Im ehemaligen Franziskanerkloster ist heute ein kleines Krankenhaus untergebracht. Gen Nordosten zieht sich eine breite Straße zum Ortsausgang. Hier beginnt das Neubaugebiet, einige Häuser scheinen allerdings nie fertig zu werden. Viele Einwohner sind nach dem letzten Erdbeben nach Amerika gegangen, einige Jahre später freilich voller Heimweh wieder zurückgekehrt. Sie haben dieses Neubauviertel entstehen lassen. ◣ Ein Spaziergang hinauf zum *Morro Grande* (150 m) lohnt sich. Oben haben Sie einen schönen Blick über die Bucht und auf die Nachbarinsel Pico, kleine Wege führen an den Westrand des Vulkans, wo Schwindelfreie an einer Stelle – Vorsicht! – fast 100 m senkrecht hinunter aufs Meer blinzeln können.

CAFÉS/RESTAURANTS

Café Flor de Jardim

◉ Der Treffpunkt am Stadtgarten serviert täglich und durchgehend kleine internationale Snacks. *Jardim da República 4, Tel. 425 61, Kategorie 3*

Café/Restaurant Valense

Im Erdgeschoß befinden sich ein Café und ein kleines Restaurant, im 1. Stock ein weitläufiges Restaurant mit flottem Service. Zu Saisonzeiten Muscheln in köstlicher Soße, Meeresfrüchte auf Bestellung. *Rua Dr. José Pereira, Tel. 421 60, tgl. 8–24 Uhr, Kategorie 2*

EINKAUFEN

In *Ribeira do Nabo* bei *Urzelina* (**114/C3**) haben sich Frauen der Umgebung zu einer Handarbeitskooperative zusammengetan und bilden junge Mädchen aus. Alle Arbeitsräume sind zu besichtigen, eine Verkaufsausstellung mit freundlichen Erklärungen ist angeschlossen. Lohnt den Besuch, auch wenn man nichts kaufen will. *Von Velas kommend, in Ribeira do Nabo auf der rechten Straßenseite, wird von Nachbarn auch an Wochenenden geöffnet.*

HOTELS

Residencial Livramento

10 Zimmer mit Bad und Terrasse, Snackbar. *Avenida do Livramento, Tel. 425 83, Fax 428 78, Kategorie 3*

Residencial Neto

Direkt am Hafen gelegen, Zimmer mit unterschiedlicher Ausstattung, Bar, kleiner Meerwasserpool im Innenhof. *23 Zi., Rua Dr. José Pereira, Tel. 424 03, Fax 423 33, Kategorie 3*

Hotel das Velas

Alle 24 Zimmer haben Balkon mit Blick auf Pico. Bar und Tennisplatz. *Avenida da Conceição, Tel. 426 32, Fax 427 36, Kategorie 2*

SPIEL UND SPORT

Schwimmen

Velas hat zwei schöne Naturschwimmbecken, in denen man zwischen Felsen phantastisch schnorcheln kann. Eines am östlichen Ende der Avenida de Conceição mit kleinem Café, das andere am westlichen Ende unterhalb des Morro Grande.

AUSKUNFT

Posto de Turismo
Rua D. J. Pereira, P-9800 Velas, Tel. 42440, Mo–Fr 9–12.30, 14 bis 17.30 Uhr

ZIELE IN DER UMGEBUNG

Fajã de Alem (114/C2)
Dieses Fleckchen Erde an der Nordküste ist nur zu Fuß mit gutem, rutschfestem Schuhwerk zu erreichen. Ein einzelner Herr wohnt das ganze Jahr über hier unten, doch die fruchtbaren Felder werden immer noch gepflegt und geerntet. Von einer Nebenstraße, die hinter Santo António links abbiegt, geht ein ausgeschilderter Fußweg ab. Er schlängelt sich einen wildbewachsenen Hang hinab. Vom ersten Häuschen an geht es zwischen Gärten und anderen Häusern entlang, bis Sie einen kurzen Abstieg zur Steinküste finden. Von dort können Sie bei ruhiger See immer gen Osten über die Felsbrocken zur Fajã de Alem wandern, vor der Sie freilich noch einen kleinen Anstieg von 15 Min. zu bewältigen haben. Nehmen Sie sich für diesen schönen Ausflug einen ganzen Tag Zeit.

Fajã de João Dias (114/B2)
An der Nebenstraße, die den Park von Sete Fontes mit der EN 1 verbindet, ist der Zugang zur *Fajã de João Dias* markiert. Von einem Wieseneinschnitt aus neben dem Tor sehen Sie den Fußweg hinunter bis zur *fajã.* Und vielleicht lassen Sie sich vom Blick auf Kieselstrand, Kapellchen und Felder zum Ab- und Aufstieg von jeweils etwa einer Stunde verlocken.

Fajã do Ouvidor (114/C2)
★ Mit dem Auto erreichen Sie die *fajã* über die Straße, die in Norte Grande von der EN 1 abzweigt. Die *Fajã do Ouvidor* (»des Landverwalters«) ist die belebteste dieser Küstenebene. Unten tun Bauern ihre Arbeit. Es gibt natürlich auch Sommerhäuser. Der winzige Fischerhafen wird heute meist als Naturschwimmbecken genutzt. Im Ort gibt es ein kleines Café/Restaurant mit hausgemachten Speisen. Im Untergeschoß hat der Besitzer eine Minidisko für um die 12 Personen eingerichtet.

Fajã dos Cubres und Fajã do Santo Cristo (115/D3)
★ Bei Norte Pequeno zweigt eine kleine Straße von der Hauptstraße zur *Fajã dos Cubres* ab. Eine mitunter etwas enge, aber gut asphaltierte Straße führt die Steilküste hinunter. Unten steht eine Kirche mit einem interessanten Altaraufbau. Ein See hat sich im Laufe der Zeit gebildet. Im Sommer sind die wenigen Häuser bewohnt. Die Fajã dos Cubres ist durch einen Wanderweg (1½ Std.) mit der Fajã do Santo Cristo verbunden.

Die Fajã do Santo Cristo ist den Sommer über ein beliebter Treffpunkt für ☨ Jugendliche, die in den Wellen bodysurfen. In einem Meerwassersee werden Muscheln gezüchtet. Am zweiten Septemberwochenende ist die *fajã* überfüllt, da dann das Fest von Santo Cristo stattfindet, ein Volksfest mit Prozession und Messe.

Igreja de Santa Bárbara/Manadas (114/C3)
★ Diese Kirche im kleinen Ort Manadas an der Südküste gilt als

das Kleinod der Insel. Sie wurde der hl. Barbara gewidmet, weil bereits 1484 eine Barbarafigur in den Klippen unterhalb der heutigen Kirche gefunden wurde. Die Ursprungskirche, jetzt Sakristei, stammt denn auch vom Ende des 15. Jhs. und bewahrt wunderschön geschnitztes und verziertes Mobiliar und im Wandschrank hinter Glas jene Barbarafigur auf. Die heutige Kirche im typisch azoreanischen Barock wurde im 17. Jh. gebaut und zeigt gleich oberhalb des Portals die hl. Barbara mit ihrem Symbol, dem Turm mit den drei Fenstern. Innen ist ein bis ins kleinste Detail verzierter, mit Goldfarbe belegter Altar zu sehen, im Altarraum Kachelbilder, die das Leben der Schutzpatronin darstellen. Sie wurde wegen ihres christlichen Glaubens in einen Turm gesperrt, ließ sich jedoch in ihrem Glauben vom heidnischen Vater nicht beirren. Der schlug daraufhin seiner eigenen Tochter den Kopf ab, worauf ein Blitz vom Himmel kam und den Vater tötete. Daher das Symbol der hl. Barbara: der Turm mit den drei Fenstern, die die Dreifaltigkeit der christlichen Kirche darstellen. In der Zedernholzdecke sind drei Reliefs zu betrachten: das des hl. Georg als Schutzpatron der Insel, das der weißen Taube als Symbol des Heiligen Geistes und eben wieder die hl. Barbara mit ihrem Turm. Der Treppenaufgang zum Hochchor erzählt die Geschichte dieser Kirche. *Im Sommer tgl. geöffnet, sonst nach dem Schlüssel in der Nachbarschaft fragen*

Ostspitze von São Jorge (115/E–F4)

Hinter *Calheta,* dem zweitgrößten Ort der Insel, geht es auf ei-

ner Stichstraße an die Ostspitze. Vorher biegen Sträßlein zur noch bewohnten *Fajã dos Vimes* ab und danach zur *Fajã de São João,* die durch fruchtbare Gärten, in denen einfach alles zu wachsen scheint, besticht und auf der doch permanent nur sechs Einwohner leben. In der winzigen Kapelle sieht der rosafarbene Altar anmutig aus vor den schlichten Holzbänken. Eine anstrengende, aber von der Natur her einmalige Wanderung (4–5 Std.) führt von hier zur *Fajã dos Vimes.* Der kleine Ort *Topo,* wo auch die ersten portugiesischen Siedler Mitte des 13. Jhs. an Land gingen, liegt direkt an der Ostspitze. Beschaulich lagert ein Inselchen davor, auf dem Kühe und Ziegen weiden.

Panoramastraße durchs Hochland (114/B2–C2–C3)

★ Die Sandpiste zweigt von der EN 1 Velas–Norte Grande nördlich von Velas hinter dem Örtchen Beira gen Osten ab. Die Fahrt bietet unglaubliche Ausblicke. Sie schauen von oben in kleine Krater des Hochlandes und fühlen sich fast wie auf einem Rundflug. Die breite Sandpiste führt zunächst auf Höhen zwischen 400 bis 700 m, dann unterhalb des *Pico da Esperança* auf knapp 1000 m Höhe, und das bei einer Inselbreite von nicht mal 8 km. Im weiten Bogen geht es danach zur Hauptstraße der Nordküste, auf der Sie, sich links haltend, nach Norte Grande kommen.

Urzelina (114/C3)

Der Name des Ortes leitet sich von der Färbepflanze Urzela ab, die die ersten Siedler dort in Massen vorfanden. Links der Hauptstraße steht etwas verlassen in einem hübschen Garten ein Turm, der erstaunlicherweise stehen blieb, als Lavamassen bei dem Vulkanausbruch im Jahre 1808 den Rest der Kirche unter sich begruben. Sie können auf den Turm hinaufsteigen. Wenn Sie anschließend hinab zur Küste fahren, sehen Sie einige, allerdings nicht mehr arbeitende, Windmühlen. Westlich davon liegt eine kleine, fast geheime Badebucht mit beeindruckend klarem Wasser. Etwas östlich davon liegt ein *Campingplatz* direkt am Meer *(Parque de Campismo, Tel. 444 01)*. Hier findet man auch ein Meerwasserschwimmbecken, einen kleinen Fischerhafen und ein kleines Restaurant. In ehemaligen Orangenlagerhäusern verbirgt sich ein sehenswertes Museum mit leider nur unregelmäßigen Öffnungszeiten. Es zeigt Gerätschaften aus den verschiedenen Erwerbszweigen der Insel.

Parque de Sete Fontes (114/A2)

★ Kurz vor der Westspitze der Insel erstreckt sich hinter *Rosais* ein schöner Waldpark mit exotischen Pflanzen und riesigen Baumfarnen. Von dessen zentralem Platz aus, an dem man ein in Stein gehauenes Inselmodell mit Boot vorfindet, schlängeln sich verschiedene Wege durch die Anlage. Ein Weg führt an einem kleinen Wildgehege vorbei zu einem ✿ Aussichtspunkt an der Nordküste. Weiter im Westen steht 4 km entfernt der seit dem Erdbeben von 1980 verlassene ✿ Leuchtturm, der einen etwas versteckten, aber spektakulären Blick auf die Südküste bietet.

Nur wenige Menschen leben das ganze Jahr über auf der Fajã do Santo Cristo

Die nördlichen Schwestern

Weinanbau, Vulkanhöhlen und sanfte Hügel

Auf Terceira und Graciosa sind die Erhebungen seichter, die Höhlen dafür um so spektakulärer. Auf beiden Inseln werden bekannte Feste gefeiert, die Bewohner lieben das fröhliche Beisammensein.

TERCEIRA

Auf Terceira ist vieles anders. Schon beim Anflug fällt die gleichmäßigere Landschaft auf, die größere Weideflächen zuläßt. Auf der Schnellstraße, die vom Flughafen in die 18 km entfernte Hauptstadt Angra do Heroísmo führt, begegnet man noch Pferdefuhrwerken und Kühen. In Angra angekommen, überrascht die Vollkommenheit der Renaissancearchitektur. Und noch etwas fällt im Vergleich zu anderen Azoreninseln auf: Die Terceiraner sind noch stolzer auf ihre Insel und fast ein wenig dickköpfig. Ebendiese Eigenschaften haben Terceira mehrmals portugiesische Geschichte mitschreiben lassen. Als die spanische Krone die Herrschaft über Portugal er-

Viele andere der für Graciosa typischen Windmühlen verfallen

langte, war die Insel letzte Bastion des portugiesischen Thronanwärters António. In der Schlacht von Salga 1581 schlugen sie die spanischen Truppen mit Hilfe von Stieren in die Flucht. Erst 1583 mußte sich auch Terceira der spanischen Herrschaft unterwerfen. Und Terceira verhalf den Liberalen des portugiesischen Königshauses gegen den absolutistischen Flügel Mitte des 19. Jhs. an die Macht.

In den Sommermonaten werden auf Terceira die buntesten und fröhlichsten Heilig-Geist-Feste gefeiert. Außerdem gibt es hier ganz besonders viele Cafés und Kneipen und überall an der Küste hübsche Badeplätze.

ANGRA DO HEROÍSMO

(110–111/C4–5) ★ Angra wurde bereits 1534 zur ersten Großstadt der Azoren erhoben. Die Lage an der natürlichen Hafenbucht ließ den Ort bald nach der Gründung zu einem wichtigen Handelszentrum werden. Die größte Stadt der Insel hat heute ca. 16 000 Ew. Das Erdbeben vom 1. Januar 1980 forderte 61 Todesopfer und zerstörte besonders in Angra viele Häuser, darunter zahlreiche historische Gebäude. Die Stadt wurde im Stil der Renaissance wiederaufgebaut und 1983 von der Unesco als Weltkulturgut unter Schutz gestellt. Selbst stark beschädigte Fassaden müssen seitdem erhalten werden, ebenso schmiedeeiserne Balkone und Eingangstüren. Die Straßen der Altstadt sind geometrisch angelegt, einige als Fußgängerzonen.

Während des Johannisfestes feiert und tanzt die ganze Stadt, und an jeder Ecke wartet ein neuer kulinarischer Genuß.

Der Name der Stadt heißt übersetzt »Bucht des Heldentums«. Den klingenden Beinamen do Heroísmo verlieh ihr Maria II., Königin von Portugal, deren Vater die Terceiraner zum Sieg im Bürgerkrieg, der 1828 ausbrach, verhalfen: Als 1828 der portugiesische König Joao VI. starb, entbrannte ein Thronfolgestreit zwischen seinen Söhnen, dem liberalen Pedro und dem absolutistisch eingestellten Miguel. Miguel wurde 1828 auf dem Festland zum König erklärt. Die Azoreaner, und allen voran die Terceiraner, erkannten ihn jedoch nicht an. Angra wurde Zentrum der Widerstandsbewegungen gegen Miguel und für Pedro und die Liberalen. Vor *Vila da Praia* wurden 1829 Miguels Truppen von den Terceiranern geschlagen. Von da an nahm der Sieg der Liberalen auf dem Festland seinen Lauf. 1834 verzichtete Pedro IV. von Portugal zugunsten seiner Tochter Maria II. auf den Thron.

Der Faltplan »Angra em pé« des Tourismusbüros enthält Spaziergänge zu allen historischen Gebäuden der Stadt.

BESICHTIGUNGEN

Colégio dos Jesuitas

Die im 17. Jh. erbaute Kirche nördlich der Praça Velha birgt einen reich verzierten und vergoldeten Schnitzaltar sowie eine bemerkenswerte Sammlung Delfter Kacheln aus dem 17. Jh. Nach der Ausweisung der Jesuiten im 18. Jh. diente das Kloster-

MARCO POLO TIPS FÜR TERCEIRA

1 Angra do Heroísmo
Der Wiederaufbau der Stadt und ihre Architektur machten Angra zum Weltkulturgut (Seite 69)

2 Jardim Duque da Terceira
Ein grünes Juwel in Angra (Seite 71)

3 Algar do Carvão
Steigen Sie in die Tiefe eines Vulkans hinab (Seite 73)

4 Biscoitos
Zu Gast im Weinmuseum in einer originalen Kellerei (Seite 73)

5 Serra do Cume
Der Blick über die Insel ist phantastisch (Seite 74)

6 São Sebastião
Die Kirche der ältesten Ortschaft von Terceira hat ein sehenswertes Portal (Seite 74)

Im Innern der Igreja da Misericórdia stehen sich zwei Altäre gegenüber

gebäude den Generalkapitänen, die die Zentralregierung der Azoren bildeten, als Wohn- und Amtssitz. Es heißt noch heute Palácio dos Capitães Generais. *(Kirche tgl. 14–15 Uhr, Sa u. So 14 bis 16 Uhr, Kloster tgl. 10–12, 15 bis 17 Uhr, Sa u. So 10–12 Uhr)*

Igreja da Misericórdia
An der Stelle, wo heute diese Kirche der Barmherzigkeit steht, gründete man im 15. Jh. das erste Krankenhaus der Azoren. Das Gotteshaus mit der Barockfassade stammt aus dem 18. Jh. Direkt bei der Kirche, am alten Zollkai, wurden bei Straßenbauarbeiten 1997 zufällig Reste des alten Stadttores gefunden *(tgl. 10.30–12.30 Uhr).*

Jardim Duque da Terceira
★ ✪ Bestens gepflegte Wege schlängeln sich an Brunnen, tropischen Pflanzen und Bäumen entlang. Am oberen Ende erinnert der Obelisk ✿ *Alto da Memória* an die heldenhafte Hal-

tung der Bewohner Angras während des Bürgerkrieges, in dem sie den liberalen Thronfolger gegen absolutistische Bestrebungen des portugiesischen Königshauses erfolgreich stützten. Von hier bietet sich ein großartiger Ausblick.

Monte Brasil
✿ Der 205 m hohe Vulkankegel bildet eine kleine Halbinsel vor Angra. Während der spanischen Herrschaft über Portugal, und also auch über die Azoren, ließ König Philipp II. Ende des 16. Jhs. eine mächtige Festung am Fuße des Berges bauen, um die Gold- und Silberschätze der damals so reichen Stadt zu schützen. Die Portugiesen tauften die Burg, nach Wiedererlangung der Unabhängigkeit, in Castelo de São João Baptista um. Das Kastell beherbergt bis heute das portugiesische Militär. Daher kann man auch nur tagsüber auf den Monte Brasil (im Sommer bis 21 Uhr). Vom *Pico das Cruzinhas,*

dem nördlichen Teil des Vulkankomplexes, überblickt man die gesamte Südküste mit den *Ilhéus das Cabras,* den Ziegeninseln. Bei klarer Sicht sind die Antennen auf der höchsten Erhebung der Insel, dem Vulkan *Santa Bárbara,* 1021 m, zu erkennen.

Palácio dos Bettencourts

Der barocke Bau vom Ende des 17. Jhs. war das Wohnhaus der aus Spanien stammenden Adelsfamilie gleichen Namens. Eingangshalle und Treppenhaus weisen Kachelbilder zur Geschichte der Stadt auf. Heute Sitz der Stadtbibliothek. *Mo–Fr 9–17 Uhr*

Rathaus – Paços do Conselho

Der stolze Rathausbau aus dem 19. Jh. steht am Praça Velha. Den Besuchern zeigt man königliche Geschenke, darunter die erste und eigenhändig von Königin Maria II. bestickte Fahne der portugiesischen Monarchie. Mit den Geschenken dankte das portugiesische Königshaus für die mutige Haltung der Terceiraner im Bürgerkrieg, der Portugal eine konstitutionelle Monarchie bescherte. *Tgl. 8.30–12.30, 13.30–16.30 Uhr, Sa u. So 10.30–12.30 Uhr*

Sé de São Salvador

Erst 36 Jahre nachdem Angra zum Bischofssitz erhoben wurde, begann man im Jahre 1570 mit dem Bau der Kathedrale am Ort der alten Kirche São Salvador. Durch das Erdbeben 1980 wurde sie stark beschädigt und drei Jahre später durch einen Brand erneut in Mitleidenschaft gezogen, sie ist heute mit ihren zwei Türmen restauriert und geistliches Zentrum der Stadt. *Mo–Sa 8.30 bis 19 Uhr, So 9–19 Uhr*

MUSEUM

Museu de Angra

Das Museum im ehemaligen Franziskanerkloster zeigt neben antiken Waffen eine Ausstellung zur Entdeckungsgeschichte der Inseln. Eine Tafel erinnert an Paulo da Gama, der im Kloster 1499 starb und von seinem Bruder Vasco beerdigt wurde. Die beiden befanden sich auf der Rückreise von Indien, als Paulo schwer krank wurde. Er sollte von den Franziskanern gesund gepflegt werden, aber die Hilfe kam zu spät. *Rua Frei Diogo das Chagas, tgl. 9–17.30, Sa u. So 10 bis 13 Uhr*

RESTAURANTS

Adega Lusitania

Zwischen antiken Weinfässern und einer ansehnlichen Sammlung alter Weine speist man in gemütlichem Ambiente. Freundliches Personal. *Rua de São Pedro 63, Tel. 223 01, So geschl., Kategorie 3*

Beira Mar

Zum gleichnamigen Hotel gehörig, mit schöner Terrasse, gehobenem Service und regionalen Spezialitäten. *Rua de São João 1–5, tgl., Tel. 251 88/89, Kategorie 2*

Casa de Peixe

Untergebracht im ehemaligen Fischmarkt, etwas kühl, Fisch in allen Ausführungen. *Rua Gaspar Corte Real, Tel. 276 78, tgl. bis 24 Uhr, Kategorie 2*

HOTELS

Hotel de Angra

Die 80 Zimmer des Hotels mit etwas antiquiertem Charme liegen teils laut zur Straße, teils traumhaft ruhig zum Stadtgarten hin. Mit Restaurant und Bar. *Praça Velha, Tel. 270 41-45, Fax 270 49, Kategorie 2*

Hotel Beira Mar
Die renovierten Zimmer haben teilweise Blick auf die Bucht, Bar, Restaurant. *23 Zi., Largo Miguel Corte Real, Tel. 251 88/89, Fax 62 82 48, Kategorie 2*

Albergaria Cruzeiro
Im Zentrum gelegen, 42 Zimmer und 5 Suiten. Snackbar und Restaurant. *Praça Dr. Sousa Junior, Tel. 270 71-3, Fax 270 75, Kategorie 2*

SPIEL UND SPORT

Golf
18-Loch-Golfplatz, von der amerikanischen Luftwaffe eingerichtet und geprägt. *Clube de Golfe, Apertado 15, 9760 Praia da Vitória, Tel. 252 42, 62 86 24, Fax 62 84 30*

AUSKUNFT

Posto de Turismo
Rua Recreio dos Artistas 35, P-9700 Angra do Heroísmo, Tel. 233 93, Fax 252 24, Mo–Fr 9–17.30 Uhr

ZIELE IN DER UMGEBUNG

Algar do Carvão   (110/D3–4)
★ Die »Kohlengrube« entstand bei einem Vulkanausbruch vor rund 2000 Jahren, als die ausgestoßene Lava beim Erkalten eine riesige Luftblase hinterließ. Die Höhle weist Stalagmiten und Stalagtiten auf, am Boden in fast 90 m Tiefe hat sich aus Regenwasser ein 15 m tiefer See gebildet. Durch den breiten Schlot der Vulkanhöhle fällt das Tageslicht auf die mit Farnen und Moosen bewachsenen Wände. Stufen und festinstallierte Lampen erleichtern dem Besucher die Erkundung dieser faszinierenden Grotten *(Im Sommer tgl. 14–16 Uhr, zu anderen Zeiten Anfrage bei Os Montanheiros, Rua da Rocha 8, Tel. 229 92 oder 237 06).*

Biscoitos   (110/C2)
Der kleine Ort (1300 Ew.) liegt an der Nordküste auf dem Ausläufer eines Lavafeldes des Vulkanausbruchs von 1761. Die Lavaasche bildet den idealen Boden für den schweren *verdelho*-Weißwein von Terceira und natürlich auch für den *vinho de cheiro*. Die Familie Brum baut hier seit Generationen Wein an und hat bei der eigenen Kellerei 1990 mit viel Hingabe ein entzückendes privates ★ Weinmuseum eingerichtet. Hier wird die bis heute beibehaltene traditionelle Produktion von Wein und Schnaps mit allen Gerätschaften und anderen Hilfsmitteln dargestellt. Gleichzeitig hütet das Museum Kuriositäten wie z.B. ein Seil aus Walnervensträngen! Ein Probierausschank rundet den Besuch ab. *Tgl. 9–19 Uhr, Winter 10–16 Uhr, Canada do Caldeiro, Biscoitos, Tel. 983 05, 984 04.*

In der Nähe des winzigen Fischerhafens wurde ein ganzes Areal zum Naturschwimmbecken umgestaltet, mit Café.

Praia da Vitória   (111/E3–4)
Der »Strand des Sieges« ist heute eine Stadt mit rund 6500 Ew. Das kleine Ortszentrum wartet mit einer hübschen Fußgängerzone auf, am Hauptplatz steht das Rathaus aus dem 16. Jh. mit interes-

santen Treppenaufgängen und einem großen Glockenturm. Unweit davon die gelb-weiß getünchte Hauptkirche, gegründet 1456, doch danach mehrfach umgestaltet. Der Badegenuß am großen Sandstrand ist allerdings durch den Bau einer riesigen Hafenmauer arg eingeschränkt. Die Einheimischen weichen lieber ins südlich liegende *Porto Martins* (**111/E4**) aus, wo man die Küste zu einer Badebucht umgestaltet hat. Den Beinamen Vitória verdankt der Ort, der bis 1474 der Hauptort der Insel war, einer Seeschlacht. Vor Praia wurde der absolutistische Nachfolger des 1826 verstorbenen portugiesischen Königs João VI., Miguel, geschlagen und somit ein entscheidender Beitrag zum Liberalismus Portugals geleistet. Praia geht gleichmäßig in den Ort *Lajes* über, wo sich durch den Luftwaffenstützpunkt der USA eine amerikanische Kolonie bildete.

São Mateus (110/B–C4–5)
Dieser typische Fischerort, 5 km westlich von Angra, mit seiner urtümlichen Hafenatmosphäre besitzt eine geschützte Badebucht. Im Ort findet man gute Restaurants, wie z.B. das ✪ *Beira Mar* direkt am Hafen *(Tel. 64 23 92, Mo geschl.)* und die *Adega* *(64 23 45, Sa geschl.)* an der Hauptstraße gegenüber der Kirche. In der *Quinta do Martelo* werden Zimmer in traditionellen Häusern vermietet und Regionalspeisen in großen Portionen serviert *(Tel. 64 28 42)*.

São Sebastião (111/E4)
★ Das 2000-Seelen-Dorf ist vermutlich die älteste Siedlung Terceiras. Hier gingen Mitte des 15.

Jhs. die ersten Siedler aus Portugal an Land. Die Kirche São Sebastião vom Ende des 15. Jhs. ist sehr gut erhalten und mit ihren gotischen Freskenmalereien im Innern das schönste Beispiel gotischer Baukunst auf den Azoren. Auf der anderen Seite des Kirchplatzes stößt man auf eine bunt bemalte Heilig-Geist-Kapelle, die während des Heilig-Geist-Festes im Mittelpunkt steht.

An dieser Kapelle sind wunderschön die Reliquien dieses Festes dargestellt: Krone, Zepter und weiße Taube, außerdem Brot, Weinkrug und Schinken.

Serra do Cume (111/E4)
★ ⚜ Dieser Höhenzug ist der Rest eines Kraterrandes. Er mißt in seinem höchsten Punkt 545 m. Von oben überblickt man gen Westen den riesigen, fast topfflachen Krater *Guillerme Moniz* mit einem Durchmesser von 15 km. Auf der anderen Seite dieses Hügels sieht man im Osten die Ebene von Praia.

GRACIOSA

Graciosa bedeutet die Liebliche, die Anmutige. Tatsächlich weist die Insel eine liebliche, da nur von flachen Hügelzügen oder kleinen Vulkankegeln durchzogene Landschaft auf. Die höchste Erhebung der Insel ist der Pico Timão (398 m). Von jeher war Graciosa von der großen Schwester Terceira abhängig: Alle Schiffsverbindungen liefen zunächst über die Nachbarinsel; nach Fertigstellung des Flughafens 1981 auch alle Flugverbindungen, und auch die Handelsgüter nehmen ihren Weg zunächst über Terceira. Das Inselleben geht einen sehr gemütlichen

Gang, neben Autos und Mopeds sind hier Esel und Pferde noch gängige Verkehrsmittel. Nur einmal im Jahr wird die Insel aus ihrer Ruhe gerissen, dann nämlich, wenn im Karneval ein Fest fließend in den nächsten Ball übergeht. Graciosa gilt als relativ regenarme Insel mit im Nordwesten günstigem Boden für den Weinanbau. Der Weiß- und Rotwein (Terra do Conde) ist auch auf den anderen Inseln beliebt, ebenso wie der Aguardente. Im Vergleich zu früher ist die Weinproduktion jedoch gesunken. Die Insel ist mit 12,5 km Länge und 8,5 km Breite die zweitkleinste der Azoren. Viele der 5100 Bewohner sind stolz, daß 1879 Prinz Albert von Monaco als Gast empfangen wurde, der in die berühmte Grotte der Caldeira noch mit Hilfe einer Strickleiter absteigen mußte. Kleine, der Küste vorgelagerte Felseilande ziehen immer wieder die Blicke auf sich, das berühmteste ist wohl das Walfischinselchen, Ilhéu da Baleia, an der Nordwestspitze. Weitere Blickpunkte sind die über die ganze Insel verteilten Windmühlen. Auf deren breitem weißen Unterbau sitzt eine Art rot angestrichener Zwiebelturm, an dem das Windrad befestigt ist. Einige dieser Räder drehen sich auch noch, in Santa Cruz ist eine Mühle westlich des Zentrums zur ⚤ Diskothek umgebaut worden.

SANTA CRUZ

(**109/E3**) Der Dorfplatz des großzügig angelegten Ortes mit seinen weißen Häusern verfügt über zwei ausladende, gleichfalls weißgetünchte Wasserbecken, die früher als Viehtränke dienten. Diese Kulisse gab der Insel vermutlich den Beinamen »Weiße Insel«. Im kleinen Pavillon am Platz Fontes Pereira de Melo ist das Tourismusbüro untergebracht, falls es kurzzeitig geschlossen sein sollte, helfen die Einwohner mit Auskünften weiter. 2000 Menschen wohnen im Hauptort. Abends herrscht auf dem Platz und in den Kneipen reger Betrieb. Ein Fast-Weltmeister im Barmixen zelebriert in *Flori's Café* am Largo da Misericórdia sein Werk.

BESICHTIGUNGEN

Die Pfarrkirche *Santa Cruz,* deren Fassade mit viel dunklem Basaltgestein durchsetzt ist, wurde im 16. Jh. gebaut und im 18. Jh. vergrößert. Das *Volkskundemuseum* (Rua das Flores) in der Nähe des *Rathauses* gibt Einblicke in das frühere Leben auf der Insel, mit Wohnstube, Trachten, Transportmitteln und Handwerk. Im Nebengebäude wird der Besucher über den auch auf Graciosa vormals üblichen Walfang informiert.

MARCO POLO TIPS FÜR GRACIOSA

1 Caldeira
Der große Krater strahlt große Ruhe aus
(Seite 76)

2 Monte de Ajuda
Ein Aussichtshügel mit drei kleinen Kapellen
(Seite 77)

Residencial Ilha Graciosa

Das umgebaute Landhaus hat noble Zimmer, eine Bar und zwei Tennisplätze. *15 Zi., Av. Mouzinho de Albuquerque, Tel. 726 75, Fax 726 76, Kategorie 1*

Residencial Mira Mar

Das Haus ist im Stadtzentrum direkt am Meer gelegen. *8 Zi., teils ohne Bad, Rua Cond. P. Vidinha 39, Tel. 726 32, 736 49, Fax 721 78, Kategorie 3*

Residencial Santa Cruz

Familiär geführtes Haus in der Nähe des Naturschwimmbekkens. *19 Zi., Largo Barão de Guadalupe, Tel. 723 45, Fax 728 28, Kategorie 2*

A Coluna

Regionale und brasilianische Spezialitäten. *Largo Barão de Guadalupe, Tel. 723 33, Kategorie 2*

Apollo 80

Das moderne Restaurant bietet regionale Küche mit vielen Fischgerichten. *Rua D. João IV, Tel. 726 60, Fax 729 53, Kategorie 2–3*

Posto de Turismo

Largo Vasco da Gama, P-9880 Santa Cruz da Graciosa, Tel. 721 25, Fax 721 24, Mo–Fr 9–12.30, 14 bis 17.30 Uhr

Caldeira   (109/E–F4)

★ Der Vulkankrater, 11 km von Santa Cruz entfernt, beherrscht den Ostteil der Insel. Die Straße, die vom Hauptort zur Caldeira führt, erreicht zunächst das in Felder eingebettete *Guadalupe.* Dieser mit seinen weißgetünchten Häusern typisch azoreanische Ort ist die zweitgrößte Gemeinde der Insel. Danach verläuft die Straße zwischen zwei sanften Höhenzügen, der Serra das Fontes im Norden und der Serra Dormida im Süden. Schon deutlich erhebt sich der Krater vor dem Betrachter. Dann verschluckt ein kurzer Tunnel (100 m) die Besucher. Er führt durch den Kraterrand hindurch, und die Caldeira breitet sich in ihrer vollen Schönheit, und Unheimlichkeit, aus. Sie hat mit 3 km Länge und gut 2 km Breite einen Umfang von 10 km. Links neben dem Tunnel ist ein Picknickplatz eingerichtet, von dem aus der Besucher die Atmosphäre des Kraters genießen kann.

Über eine kleine Straße gelangt man zum Eingang der *Furna do Enxofre,* der Schwefelhöhle *(11–16 Uhr):* einem Hohlraum im Schlot des Vulkans, der ein Gewölbe von 80 m Höhe hinterließ, darin liegt ein 15 m tiefer See mit einem Durchmesser von fast 130 m. Hinab steigt man seit 1939 bequem über die 184 Stufen zählende Wendeltreppe eines Turmes. Durch zwei überwucherte Kamine fällt Tageslicht in die Unterwelt, daher wird der Besuch um die Mittagszeit empfohlen. Unten führen kleine Wege zum See; aus dem kalten Wasser steigen Schwefel- und andere Dämpfe auf, die die faszinierend-unheimliche Atmosphäre noch verstärken. Eine Taschenlampe ist hilfreich, doch nicht unbedingt erforderlich.

Außerhalb der Öffnungszeiten muß man im kleinen Weiler *Pedras Brancas* die freundliche Bevölkerung bitten, den Eingang aufzuschließen. Ein Panoramaweg führt oben um den Krater herum, immer etwas unterhalb des Randes, zu dem es kleine Pfade gibt, um in den Schlund zu schauen.

Carapacho (109/F4)

Der kleine Ort (ca. 250 Ew.) an der Südküste wird im Sommer zu einem beliebten Treffpunkt. Nicht nur das hübsche Naturschwimmbecken, sondern auch die Thermalquellen ziehen Einheimische und Gäste an. Im stets frischgetünchten Badehaus *(Tel. 722 72)* sollen hauptsächlich Rheumaleiden und Hautkrankheiten gelindert werden. Der Südostspitze vorgelagert ist das Felseiland *Ilhéu de Baixo.* Kurz vor Carapacho liegt, etwas ins Inselinnere gezogen, der kleine Ort ❖ *Luz,* wo sich nicht nur ein großartiger Blick auf die Küste auftut, hier verbirgt sich auch in der Bucht *Praia da Folga* am Hafen das kleine Restaurant *Da Folga (Tel. 725 60),* das Meeresfrüchte, frischen Fisch und hausgemachte Eintöpfe serviert.

Monte de Ajuda (109/E3)

★ ❖ Ein hübscher Spaziergang oder auch eine Autofahrt führt zu diesem 1 km südlich von Santa Cruz gelegenen Aussichtshügel, dem »Berg der Hilfe«, 129 m hoch und, wie könnte es anders sein, auch ein Vulkankrater. Oben thronen drei kleine Kapellen, *São João* (aus dem 16. Jh.), *São Salvador* (aus dem 18. Jh.) und die der Schutzheiligen *Nossa Senhora da Ajuda* (16. Jh.) gewidmete.

Letztere hat ein ungewöhnliches Äußeres, sie wirkt fast wie eine Festung. Im Inneren dieses kleinen Kraters liegt die naturbelassene Arena für Stierkämpfe und sonstige Veranstaltungen, der Kraterrand dient als Naturtribüne.

Praia (109/E3)

Der Ort mit ca. 1000 Ew. trägt seinen Namen (Strand) zu Recht. Eine mächtige Kaimauer trennt den schönen Sandstrand von den altherrschaftlichen Straßenzügen. Neben der Kirche São Mateus aus dem 17. Jh. (Ende des 19. Jhs. renoviert) ist das bekannteste Gebäude von Praia zweifellos die Bäckerei *Pastelaria e Doçaria,* in der die berühmten kleinen Kuchen, die *Queijadas da Graciosa,* hergestellt werden. Als Attraktion gilt das vorgelagerte Inselchen *Ilhéu da Praia,* ein verträumtes Vogelparadies.

Die weißgetünchte Igreja São Mateus ziert den kleinen Ort Praia

Die Vorposten Europas

Die Blumen- und die Rabeninsel

Zauberhafte Kraterseen, unendliche Hortensienhecken und kleine Badebuchten schmücken Flores und Corvo. Die westlichste Ortschaft Europas und die kleinste Stadt Portugals heißen den Besucher willkommen.

FLORES

Flores, die »Blumeninsel«, verzaubert den Besucher mit einem Naturschauspiel ungewöhnlicher Art. Die Insel ist wild und lieblich zugleich. Die verschiedenen Grüntöne verstärken das tiefe und klare Blau des überall gegenwärtigen Atlantiks. Hortensienhecken ziehen sich kilometerweit und meterdick über die ganze Insel. In Küstennähe schillern unter anderem Montbretien (Schwertliliengewächse), Canna (indisches Blumenrohr) und Margeriten in leuchtenden Farben. Flores ist eine Wanderinsel, alte Saumpfade führen von Dorf zu Dorf wie an der Westküste vom südlichsten Zipfel bis in den Norden. Die meisten Küstenab-

schnitte fallen steil zum Atlantik ab. Direkt dahinter steigt das Land bis auf eine Höhe von 914 m zum *Morro Alto* an. Fast 70 Prozent der Inseloberfläche liegen höher als 300 m über dem Meeresspiegel. Die zahlreichen kleinen Flüsse haben imposante Taleinschnitte geschaffen wie an der Ostküste bei Santa Cruz, manchmal fallen sie in teilweise mehrere hundert Meter hohen Wasserfällen die Felsküste hinab wie an der Westküste. Man fühlt sich in den Dörfern um 100 Jahre zurückversetzt, in eine Welt, die hier stehengeblieben scheint. Die niedrigen, aber breiten Steinhäuser mit den kleinunterteilten Fenstern schmiegen sich harmonisch in die Landschaft, umgeben von einer bunten Blumenpracht. Daneben mahlen immer noch Wassermühlen ruhig und stetig das Maismehl. Die Insel ist nur 17 km lang und 12,5 km von Ost nach West breit, ungefähr 4600 Menschen wohnen hier, die besonders an der Westküste an ihren jahrhundertealten Traditionen festhalten. In *Santa Cruz* und in *Lajes* versucht man mit Erfolg, der Jugend möglichst viel zu bieten, damit sie auf der Insel bleibt und die Auswanderungswelle –

Wassermühlen und hohe Wasserfälle prägen das Landschaftsbild der Westküste von Flores

1950 gab es noch fast 8000 Ew. – gestoppt wird. Seit 1996 wird die Sekundarschule jedes Jahr um ein Schuljahr aufgestockt, so daß die Schüler nicht mehr zu den anderen Inseln fahren müssen, um die Hochschulreife zu erlangen.

Flores wurde erst 1452 entdeckt. Ab 1470 begann der Flame Wilhelm von Hagen auf der Insel nach freilich nicht vorhandenen Metallen zu suchen. Außerdem wollte er von dort aus Handel mit der Färbepflanze Pastel betreiben. Er scheiterte, nicht zuletzt aufgrund der schlechten Schiffsverbindungen, und ging nach São Jorge. Erst um 1510 wurde die Besiedlung von Flores mit Bewohnern vom Festland, von Terceira und Madeira wieder aufgenommen. Seit dieser Zeit blieb die Insel, wie auch die kleine Schwester Corvo, von Erdbeben und Vulkanausbrüchen verschont, denn beide Inseln liegen weit entfernt vom tektonischen Zentrum des mittelatlantischen Grabens und zudem geologisch auf der amerikanischen Platte. Flores bewegt sich tatsächlich jedes Jahr bis zu 2 cm auf Amerika zu. Nicht nur schwere Stürme

und Unwetter machten (und machen noch bis heute) das Leben auf Flores schwer. In den früheren Jahrhunderten war die Insel immer wieder Ziel von Seeräubern, die hier ihr vernichtendes Werk trieben und die Bevölkerung jedesmal in Angst und Schrecken zurückließen. Ab dem 19. Jh. steuerten amerikanische Walfangboote die Inseln an und warben die mutigen Männer von Flores sowie von Corvo zur gefährlichen Jagd. Das erste rein azoreanische Walfangboot stach von Flores aus um 1860 in See. Im 20. Jh. war es wieder ein fremdes Volk, das Schwung ins Inselleben brachte. Diesmal waren es Franzosen, die 1963 mit dem Bau einer Fernmeldestation begannen und bis zu ihrem Abzug 1994 nicht nur Einrichtungen wie das Krankenhaus und das erste und bisher einzige E-Werk sowie Straßen bauten, sondern dem gesamten Inselleben einen angenehmen, aber sanften Entwicklungsschub gaben. Es bleibt abzuwarten, wer oder welche Nation das Leben auf Flores erneut in andere Bahnen lenken will.

MARCO POLO TIPS FÜR FLORES

1 Hochebene
Auf der Hochebene faszinieren die einsamen Kraterseen (Seite 82)

2 Fajã Grande
Entspannung mit Panoramablick auf die Steilküste am westlichsten Zipfel Europas (Seite 83)

3 Fajãzinha
Mit dem Besuch dieses Dorfes tun Sie einen romantischen Schritt in die Vergangenheit (Seite 83)

4 Rocha dos Bordoes
Senkrechte Basaltsäulen wachen über die Umgebung (Seite 85)

Gerade auf Flores, der »Blumeninsel«, darf die bunte Pracht nicht fehlen

SANTA CRUZ

(108/B–C5) Santa Cruz ist der Hauptort der Insel. Die SATA-Maschinen landen fast im Zentrum. Hören sie das Brummen der Propeller in der Luft, dann strömen die Leute zum Flughafengebäude, nicht weil sie jemanden erwarten, sondern um einfach mal zu sehen, wer ankommt. Es landen täglich ein bis zwei Maschinen, sonntags bleibt der Flughafen geschlossen. Vom Flughafengebäude kann man bequem zu Fuß ins Ortszentrum gehen. Am Parkplatz rechts und dann immer geradeaus, schon ist man an der dritten Kreuzung auf der Hauptstraße, wo sich das Hotel *(Residencial Vila Flor),* die Post, kleinere Geschäfte, eine Tankstelle, ein Supermarkt, Bäcker und Bank aneinanderreihen. Das östliche Ende bildet der winzige Fischerhafen mit Leuchtturm. An der Straße, die dort nach rechts hinaufführt, liegt gleich hinter der Kurve das Restaurant *Lita.* Das westliche Ende der Hauptstraße markiert die *praça,* der zentrale Platz, an dem sich vorwiegend die Männer der Muße hingeben. Von hier gehen weitere Straßen ab. Die eine führt im spitzen Winkel nach Osten, an ihr ha-ben sich weitere Geschäfte, eine zweite Bank und ein kleines Einkaufszentrum *(centro comercial)* mit einem Café niedergelassen.

Unweit der Praça liegt das ehemalige Franziskanerkloster aus dem 17. Jh., in dem jetzt das *Volkskundemuseum* untergebracht ist. Ins Kloster ist die renovierte Barockkirche Boaventura integriert. Das Museum zeigt eine interessante und sachkundig zusammengestellte Darstellung des Lebens auf Flores mit prächtigen Ausstellungsstücken zum Walfang. Zum Museum gehört ein Haus mit authentischen Möbeln aus der Jahrhundertwende, es zeigt gesellschaftliche Aspekte und Lebensformen der damaligen Zeit *(Mo–Fr 10–12.30, 14–17 Uhr, Tel. 521 59).*

Von hier wieder zum Meer hinunterlaufend, kommt man am Büro der Familie Augusta *(Tel. 522 89)* vorbei, die ihre Residenz natürlich gleich am Kai hat, denn von hier fahren die familieneigenen Boote nach Corvo hinüber (S. 94). In der Nähe steht die Gemeindekirche *Nossa Senhora da Conceição* vom Anfang des 19. Jhs. mit ihrer wuchtigen Fassade und den zwei Kuppeltürmen. Und das ist schon fast der ganze Ort Santa Cruz, wenn man vom ehemaligen Wohngebiet der Franzosen und dem Neubaugebiet in der Nähe des Flughafengebäudes absieht, welches übergeht in ein weniger ansehnliches »Industrieviertel« mit Autowerkstatt, Büros und Lagerräumen. Ein wunderschönes Naturschwimmbecken befindet sich in der Nähe des Flughafengebäudes. Setzen Sie sich einen Nachmittag auf die Terrasse des ✪ Cafés gegenüber der Post, so werden Sie wahrscheinlich den größten Teil der rund 1700 Ew. von Santa Cruz mindestens einmal vorübergehen sehen. Und da die Bewohner eine sehr herzliche Art haben, wird man Sie auch schnell in ein Gespräch verwickeln, in welcher Sprache auch immer, und sei es mit Händen und Füßen. Doch viele Bewohner sprechen Englisch und dank der langjährigen Präsenz der Franzosen auch Französisch.

A Baleia

Es werden Fleisch- und Fischgerichte der Insel serviert, tgl. geöffnet. *Zona do Boquerão (im Industrieviertel), Tel. 524 62/523 87, Kategorie 2*

Lita

Der Treppenaufgang liegt etwas versteckt, von der Terrasse Blick auf den Fischerhafen. Genießen Sie die köstlichen Fisch- und Fleischgerichte und raffinierte Eintöpfe. *Travessa da Alfândega 4, Tel. 524 02, tgl. ab 12 Uhr, Kategorie 2*

Hotel Ocidental

In Flughafennähe am Meer gelegen mit Schwimmbad, Tennisplatz, Restaurant, Bar. *36 Zi., Tel. 523 51/2, Fax 523 53, Kategorie 2*

Residencial Vila Flores

Im Ortszentrum, 13 helle, saubere Zimmer, freundlicher und hilfsbereiter Service, mit Café und Autoverleih sowie Restaurant in der 10 m entfernten Dependance mit 10 Zimmern. *Tv. São José 3, Tel. 521 90, Fax 526 21, Kategorie 3*

Posto de Turismo

Rua D. A. da Silveira, P-9970 Santa Cruz das Flores, Tel. 523 69, Mo–Fr 9–12.30, 14–17.30 Uhr

Caldeiras auf der Hochebene   (108/B5–6)

★ Wenn Sie von Santa Cruz aus die Straße durch das Hochland gen Westküste nehmen, kommen Sie zunächst an beeindruckenden ⬇ Aussichtspunkten mit Blick auf die tiefen Täler vorbei. Schließlich folgen Sie einem Abzweig nach links, der Sie, umgeben von übermannshohen Hortensienhecken, zu zwei ⬇ Kraterseen bringt. Auf der einen Seite liegt unter ihnen die *Caldeira Funda* (Tiefer Kessel), deren See eine Tiefe von 22 m hat und deren schluchtartig steile

Mensch und Lasttier, aber wahrlich nicht für vierrädrige Fahrzeuge angelegt. Im alten Ortsteil ist am  Largo do Outeiro, dem »erhöhten Platz«, der Heilig-Geist-Tempel der Insel zu finden, der alljährlich bei den Heilig-Geist-Festen im Mittelpunkt steht, zudem eine kleine Kneipe, wo die Männer drinnen oder draußen den Tag an sich vorüberziehen lassen. Am Verkehrskreisel im modernen Teil von Vila Nova ist am Weg zum Flughafen ausgeschildert. Dort werden mehrfach wöchentlich die Maschinen von Flores oder Horta empfangen. Das moderne Flughafengebäude liegt gegenüber dem alten Fischerhafen, der jetzt als Naturschwimmbecken genutzt wird. Kurz dahinter am Wasser beherrschen zwei alte Windmühlen das Gelände. Gegenüber im Café-Restaurant *Caldeirão* erfährt man, wann der Minibus hinauf zum Kraterrand fährt. Am Verkehrskreisel geht in Gegenrichtung eine Straße ab, die zum neuen Feuerwehrhaus führt, wo am Wochenende die

Disko dröhnt, weiter geht die Straße zur Krankenstation, zur kleinen Grundschule und zur Post. Deren einzigen Beamten berief man 1996 ins Parlament nach Horta, was gewisse Schwierigkeiten bei der Postzustellung auslöste. Geplant ist noch eine Sekundarschule, damit die älteren Kinder fortan nicht mehr monatelang von ihren Familien getrennt leben müssen. Von der Kreuzung an der Post führt die Straße hinauf zum Kraterrand, eine andere wieder zum Largo do Outeiro. Hier findet sich auch eine kleine Bank zum Geldwechseln. In Vila Nova gibt es außer dem Restaurant *Caldeirão (tgl. ab 12 Uhr, Tel. 561 56)* in der Nähe der Kirche noch ein kleines Café; Übernachtungsmöglichkeiten bietet eine kleine Pension mit sechs Zimmern *(Tel. 561 32)*, die Einheimischen stellen zudem Privatquartiere zur Verfügung. Wenn Sie vom Restaurant aus einmal um die Landebahn herumgehen, so finden Sie an deren westlichem Ende zwei kleine Sandstrandbuchten.

Wo Corvo durch einen Vulkanausbruch entstand, herrscht jetzt Beschaulichkeit

Der Krater Caldeirão (108/C1)

★ ◀▶ Die Fahrt hinauf zum Kraterrand führt durch eine mit Mauern und großen Hortensienhecken durchzogene Weidelandschaft. Kühe sind zu sehen, Corvo hat mehr als doppelt soviel Kühe wie Einwohner, und auch Wildpferde werden Sie entdecken. Zunächst geht es in einigen Kehren hinauf zum Aussichtspunkt ◀▶ *Pão de Açucar,* der einen phantastischen Blick auf das Dorf und die Südküste bietet. Von dort windet sich ein alter Eselspfad, mehrmals die Straße kreuzend, zwischen wilder Natur hinab in den alten Teil des Dorfes. Doch zunächst geht's weiter aufwärts, das Auge kann sich nicht satt sehen an den Hortensienhecken, die direkt ins Meer zu wachsen scheinen. Nach etwa 6 km ist das Sträßchen auf 600 m über dem Meeresspiegel auf dem Kraterrand angelangt. Einer der schönsten Krater der Azoren liegt vor dem Betrachter. Der Kraterrand hat einen Umfang von 3,4 km, er findet im *Monte Grosso* den höchsten Punkt mit 770 m. Fast 300 m weiter unten auf dem Boden des Kraters ruhen zwei Seen, aus denen sieben Erhebungen herausragen. Mit ein wenig Phantasie stellen sie die sieben anderen Inseln (außer Flores und Corvo) dar. Knietiefes Moos und Weideland bedecken den Krater, dessen fast unwirkliche und ursprüngliche Ruhe nur durch das Zwitschern der Vögel unterbrochen wird.

Einfach hinsetzen, schauen, lauschen, staunen und die Welt vergessen!

Seit einigen Jahren fährt ein Jeep, bzw. ein Minibus hinauf zum Kraterrand. Andere Transportmöglichkeiten gibt es auf der Insel nicht. Anfang der 90er Jahre wurden offizielle Besucher wie Touristen noch auf dem rotbemalten Anhänger eines Traktors einen rumpelnden Feldweg hinauf zum Kraterrand gefahren – gute alte Zeiten, inzwischen auch für Corvo. Die Straße wurde asphaltiert, Traktor und Anhänger wurden durch Jeep und Minibus ersetzt.

Schon kommen auch andere Autos hinzu, und Motorräder knattern besonders bei Ankunft eines Flugzeuges oder Bootes durch die Straßen und Gassen. Die Moderne hat auf Corvo Einzug gehalten. Auch wenn das Knattern der Motoren im Dorf so manchen Tagesgast stören mag, sollte jeder bedenken, daß auch die Corviten ein wenig am technischen Fortschritt der Welt teilhaben wollen.

Die Marco Polo Bitte

WWF

Marco Polo war der erste Weltreisende. Er reiste in friedlicher Absicht, verband Ost und West. Er wollte die Welt entdecken, fremde Kulturen kennenlernen, nicht zerstören. Könnte er für uns Reisende des 20. Jahrhunderts nicht Vorbild sein? Aufgeschlossen und friedlich sollte unsere Haltung auf Reisen sein. Dazu gehören auch Respekt vor Mensch und Tier und die Bewahrung der Umwelt.

Streifzüge durch die Natur

Die hier beschriebenen Routen sind in der Übersichtskarte vorn und im Atlas ab Seite 108 grün markiert

① WANDERUNG AUF SÃO MIGUEL: PONTA GARÇA – RIBEIRA-QUENTE

Vorbei an kleinen Weinfeldern und Bananenstauden, durch subtropischen Wald und entlang der Südküste zu einem Fischerort mit Badebucht.

Schwierigkeitsgrad: gering. Gehzeit: knapp drei Stunden.

Anfahrt per Bus: 9 Uhr ab Ponta Delgada, Avenida Infante Dom Henrique, bis Vila Franca, Busbahnhof: umsteigen in den Bus nach Ponta Garça, Abfahrt 10.10 Uhr.

Rückfahrt per Bus: Mo–Sa 13.20 Uhr ab Ribeira Quente nach Furnas (So nur 15. Juni–15. Sept.) oder mit dem Taxi nach Furnas. Von hier Weiterfahrt per Bus entweder über Vila Franca nach Ponta Delgada: Abfahrt Mo–Fr 16.20 Uhr, So 16.40 Uhr (vom 15. Juni bis 15. Sept. So 17.30 und Sa 17.35 Uhr). Oder Weiterfahrt ab Furnas über Ribeira Grande nach Ponta Delgada: Abfahrt tgl. 17.10 Uhr (vom 15. Juni bis 15. Sept. tgl. 18.10 Uhr).

Die Wanderung beginnt an der Endstation des Busses in *Grutas Fundas,* einem Ortsteil von *Ponta Garça.* Von hier führt ein breiter, leicht ansteigender Feldweg Richtung Osten. Nach 10 Minuten folgen Sie dem breiteren, von Bambus begrenzten Weg rechts, den schmaleren lassen Sie links liegen. Nach 20 Minuten erreichen Sie eine Weggabelung. Hier wählen Sie den deutlich sichtbaren linken Feldweg, auf dem es bergan geht. Der grasbewachsene rechte Weg führt zur Küste hinunter. Nach 30 Minuten stoßen Sie im Wald auf einen breiten Forstweg, dem Sie etwa 80 m nach links bergauf folgen. Gleich danach biegen Sie in den nach rechts (nach Osten) führenden Feldweg ein, der zunächst ebenfalls ansteigt. Linker Hand steht gegenüber einer Weide eine große Viehtränke. Nach etwa 300 m ist der höchste Punkt der Wanderung erreicht, und es geht deutlich bergab. Wo der Weg im rechten Winkel nach rechts biegt, haben Sie einen schönen Blick über die Südküste und auf die letzten Häuser von Ponta Garça. Nun windet sich der inzwischen schmaler gewordene Pfad nach links, rechter Hand liegen Weingärten und Gemüsefelder, zu beiden Seiten wächst Bambus. Bald haben Sie die Talsohle der Schlucht des Flusses namens *Ribeira do Tôfu* erreicht, und Sie kommen in einen subtropischen Wald, in dem Wilder Ingwer wuchert. Der Weg führt ab hier immer parallel zur Küste Richtung Osten. Nur an einem kleinen Wasserlauf weicht er mal flußaufwärts aus. Der Weg ist immer eindeutig geführt. An einigen Stellen kann er allerdings zugewachsen sein. Solange aber rechts unter Ihnen das Meer rauscht, sind Sie richtig. Bei einem kleinen Abstieg, nach etwa 1 ¾ Stunden, gehen Sie auf einen Felsbrocken zu, vor dem sich der Pfad nach links wendet. Von hier sehen Sie im Vordergrund *Ribeira Quente (S. 45)* und dahinter *Povoação (S. 44)*. Hinter einem kleinen Haus linker Hand biegt der Weg nach rechts ab, und bald gehen Sie oberhalb der Bucht namens *Praia do Fogo (S. 45)* entlang. An den ersten Häusern von Ribeira Quente führt Sie rechts ein kleiner Weg mit Natursteinen gepflastert hinab zur Badebucht (mit Umkleide- und Duschkabinen), dem Ziel der Wanderung. Heiße submarine Quellen erwärmen das Wasser an einigen Stellen.

An der Uferstraße liegt die Bushaltestelle.

Hin- und Rückfahrt per Taxi, wobei von Velas aus gleich die schönsten Punkte der Südküste besichtigt werden könnten: Aussichtspunkt oberhalb von Velas (S. 63), Handarbeitskooperative in Ribeira do Nabo (S. 64), Urzelina (S. 66), Kirche Santa Bárbara in Manadas (S. 65). (Preis für Hin- und Rückfahrt je nach Stopps 8000 bis 10 000 Esc.)

Rechts auf der Straße Richtung Topo befindet sich etwa 16 km hinter *Calheta* ein Unterstand, gegenüber führt ein breiter Feldweg nach Norden. Ein Felsbrokken weist auf die Küstenebene *Fajã do Santo Cristo* hin. (Wegen des dortigen Sees wird sie auch *Fajã da Caldeira* genannt.) Diesen Feldweg gehen Sie etwa 50 Höhenmeter hinauf, das Gatter ist, wie alle anderen am Weg, wieder zu schließen. Am höchsten Punkt angelangt, blicken Sie hinab auf eine wildromantische Schlucht. Weit unten erkennen Sie schon die kleine Brücke, die Sie später überqueren werden. Der Weg führt nun nach rechts und schwingt sich fortan immer deutlich hinab. Zunächst verläuft er zwischen mächtigen Hortensienhecken, danach auf saftigen Wiesen oder als Hohlweg zwischen Wacholder, Baumheide und Heidelbeerbäumen. Selbst dort, wo es über eine Wiese geht, finden Sie immer deutliche Wegspuren. Die originellen Holzgatter sind feste Bestandteile dieser Wanderung. Nach etwa 70 Minuten überqueren Sie (nachdem der Weg sich vorher auf einer Wiese nach rechts wandte) einen kleinen Bach. Der Weg ist nun mit dem Wilden Ingwer bewachsen. Etwa 8 Minuten später folgen Sie dem Hauptweg an einer Weggabelung nach links, und kurz dar-

② **WANDERUNG AUF SÃO JORGE: SERRA DO TOPO – FAJÃ DE SANTO CRISTO – FAJÃ DOS CUBRES**

Eine wilde, romantische Schlucht, abgelegene Weiler, ein See mit Muscheln. Schwierigkeitsgrad: leicht bis mittel (letzter Aufstieg 200 Höhenmeter), Gehzeit: 3 ½ Stunden, Länge: 9,5 km.

auf erreichen Sie die kleine Brücke, die Sie schon von oben sahen. Dieser Ort mit der verfallenen Wassermühle und einigen versteckten, ebenfalls verfallenen Häusern heißt *Caldeira da Cima* und lädt zum Rasten ein. Bald führt der Weg über einen weiteren Bach und schwingt sich auf einer Wiese an einem verfallenen Haus nach Westen. Den kleinen Weg, der dort nach links abzweigt, ignorieren Sie! Bald können Sie, bei klarer Sicht, *Terceira* (im Nordosten), später auch *Graciosa* (Nordwesten) erkennen sowie die Küstenebene *Fajã de Santo Cristo,* ihr vorläufiges Ziel, das Sie nach etwa 40 Minuten von *Caldeira da Cima* aus erreichen. Über den ersten breiten Weg rechts (links ist eine Wasserstelle) gelangen Sie in das winzige Dorf, und nach 2 Minuten sind Sie an der Kirche von *Santo Cristo (S. 65),* wo Sie eine Pause einlegen sollten und von wo aus der Weg weiter gen Westen geht. Er führt zunächst zu dem Salzsee, in dem Muscheln gedeihen. Auf Höhe des Steges biegt der Weg nach links. Kurz darauf läuft man nach rechts am alten Friedhof vorbei und stößt danach wieder auf das Seeufer. Bald führt der deutlich sichtbare Weg durch die verlassenen Küstenebenen *Fajã dos Tijolos* und *Fajã do Belo,* zwischendrin liegt ein kleiner Aufstieg. Nun geht es etwa 200 Höhenmeter hinauf. Von oben öffnet sich der Blick auf die *Fajã dos Cubres (S. 65).* Der Weg geht dann wieder hinab bis auf Meereshöhe, und schon treffen Sie auf die ersten Häuser und bald auf die Kirche der *Fajã dos Cubres,* wo Ihr Taxi wartet (Rückfahrt über Norte Pequeno, Norte Grande).

③ WANDERUNG AUF FLORES: FAJÃ GRANDE – PONTA DELGADA

Eine der besonders schönen Wanderungen auf den Azoren. Auf einem Saumpfad entlang der Westküste: Wasserfälle, ein einsamer Weiler, romantische Hohlwege, ein winziger Fischerhafen mit grandiosem Blick.

Schwierigkeitsgrad: mittel (60minütiger Aufstieg), Dauer 4 $\frac{1}{2}$ Stunden, Länge 12 km, Wasservorrat und Proviant mitnehmen.

Hin- und Rückfahrt mit dem Taxi.

Beginnen Sie die Wanderung schon in *Fajã Grande (S. 83).* Es lohnt sich, die kleine Fahrstraße von der dortigen Badebucht nach *Ponta de Fajã* (1,8 km) zu Fuß zu gehen. So können Sie in Ruhe die Wasserfälle betrachten, die sich dort vom Hochland über die Felskante stürzen. Im kleinen Weiler *Ponta (S. 83)* passieren Sie bald (nach etwa 30 Minuten) die auf hohem Portal thronende Kirche *Nossa Senhora de Fátima.* Hinter der Kirche wird das Sträßlein zu einem Fußweg, und Sie befinden sich in der reinen Natur. Der Weg führt ständig gen Norden. In der Felswand vor Ihnen können Sie schon die Fortsetzung des Weges ausmachen. Sie erreichen bald den Fuß dieser Felswand und beginnen mit dem Aufstieg, der immer deutlich geführt ist. Hin und wieder fließen kleine Bäche über den Weg, unter sich hören Sie das Meeresrauschen, wenn Sie zurückschauen, grüßt die hübsche Bucht von *Fajã Grande* (S. 83), und draußen im Atlantik umspülen Wellen den Felsbrocken *Monchique.* 20 Minuten hinter Ponta de Fajã spendet ein Wald Schatten, und der

Pfad wird zum romantischen Hohlweg, der zwischendrin immer mal zu einem der Bachläufe abfällt. Etwa 5 Minuten nach Waldbeginn führt links ein sehr schmaler Weg zur Küste hinunter, Sie steigen aber auf dem breiten Pfad rechts weiter an. Immer noch im Wald, macht der Weg einige Serpentinen – dies sind die steilsten Stellen des Aufstieges. Etwa 60 Minuten hinter Ponta de Fajã haben Sie die endgültige Höhe erreicht.

Nachdem Sie durch ein Holzgatter (bitte wieder schließen!) gegangen sind, stehen Sie auf einer Wiese mit herrlicher Aussicht. Sie gehen weiter auf der Hochebene, 3 Minuten nach dem Holzgatter überqueren Sie einen Bach (nicht geradeaus weiter gehen, sondern wirklich über den Bach). Danach folgen Sie der schmalen Wegspur oberhalb der Westküste gen Norden, zwischen Hortensienhecken und über durch Steinmauern eingegrenzte Weiden (Tore bitte schließen!). Der Untergrund wandelt sich zu einem sanften Moosteppich, übermannshohe Baumheide und Wacholder sind jetzt Wegbegleiter. Weitere Bäche sind zu überqueren. Etwa 1 Stunde nach dem Aussichtspunkt am ersten Holzgatter werden die Wiesen weitläufiger und verlocken zum Rasten. Der Weg verläuft nun zwischen Steinmauern, fällt bald leicht ab und geht, dort wo ein Pfad rechts abzweigt, weiter geradeaus in einen moosbewachsenen, überwucherten Hohlweg über, der stellenweise etwas rutschig sein kann. Er leitet den Abstieg nach *Ponta Delgada (S. 85)* ein. Inzwischen stehen wieder Hortensienhecken am Wegesrand, Sie erreichen nach einem Linksbogen eine Schotterstraße, auf der Sie ungefähr 13 Minuten lang nach links abwärtsgehen, bis rechts ein Weg abzweigt, der bis zum Flußbett des *Ribeira do Moinho* abfällt, einem hübschen Plätzchen mit kleinen Felspools und alten Wassermühlen. Auf der anderen Seite des Flusses führt der Weg bald auf eine kleine Fahrstraße, der Sie nach rechts (Nordnordost) folgen. Nach etwa 1,2 km erreichen Sie die ersten Häuser von *Ponta Delgada.* Hier nehmen Sie die Straße, die links hinunterführt (an der Straße geradeaus steht ein Brunnen). An der nächsten Kreuzung biegen Sie links zum kleinen Hafen ab, der Abstecher zu dieser weiten Bucht mit phantastischem Blick und einer Badestelle lohnt sich. An der Hafenbucht führen Stufen nach rechts, über die Sie wieder auf eine Straße kommen, die, leicht ansteigend, in den Ort führt. Im Ort biegen Sie auf der ersten Querstraße nach links, gehen dann immer geradeaus (rechts liegt der Neubau des Gemeindezentrums und der Abzweig der Straße nach Santa Cruz) bis zu einem kleinen Platz. Links ist ein Laden und rechts die urige Kneipe *Silveira.*

Auf der Rückfahrt mit dem Taxi nach *Santa Cruz (S. 81)* entlang der Ostküste sollten Sie nicht versäumen, hinter dem Ort *Cedros* an zwei ausgeschilderten Aussichtspunkten *(miradouros)* halten zu lassen. Einmal blicken Sie auf die Ostküste mit ihren kleinen vorgelagerten Felsnadeln, das andere Mal auf das tiefe Flußtal des *Ribeira da Fazenda de Santa Cruz.*

Von Auskunft bis Zoll

Wichtige Adressen und Informationen für Ihre Reise

AUSKUNFT

Portugiesisches Touristik-Amt Deutschland
Kaiserstr. 66, D-6000 Frankfurt/M., Tel. 069/23 40 94-7, Fax 23 14 33

Österreich
Stubenring 16, A-1010 Wien, Tel. 0222/513 26 70, Fax 512 88 28

Schweiz
Badenerstr. 15, CH-8004 Zürich, Tel. 01/241 03 00

Portugal
Direcção Geral de Turismo, *Av. António Aguiar, 86, P-1000 Lisboa, Tel. 01/575 44 93*

Azoren
Direcção Regional de Turismo, *Ed. do Relógio, Bairro Colónia Alemã, P-9900 Horta (Faial), Açores, Tel. 092/238 01*

BANKEN

Auf allen Inseln und in allen größeren Ortschaften gibt es Banken. Oft ist außen ein *multibanco* (Bankautomat) angebracht, diejenigen mit EC-Zeichen akzeptieren auch internationale Kreditkarten, wie auch viele Geschäfte, Restaurants und fast alle Hotels. Banken sind im allgemeinen werktags von 8.30 bis 14.45 Uhr durchgehend geöffnet. Beim Barumtausch werden unabhängig von der Summe Gebühren bis zu 10 DM erhoben; Umtausch von Schecks nur gegen Vorlage des Ausweises. Die Landeswährung ist der Escudo (Esc.), die Höchstsumme auf Euroschecks beträgt 35 000 Esc.

BUSSE

Auf den kleinen Inseln fahren die Busse einmal am frühen Morgen zum Schul- und Arbeitsbeginn von den Dörfern in den größeren Ort und am Nachmittag wieder zurück. Auf *Terceira* gibt es drei Linien, die mehrmals am Tag verkehren und eine Inselrundfahrt zulassen. Die erste von Angra nach Praia über São Sebastião, die zweite von Praia an die Nordküste nach Biscoitos, die dritte von Biscoitos über Serreta nach Angra. Auf *Faial* wird von Juni bis Sept. tgl. ein Bus eingesetzt, der von Horta aus einmal um die Insel fährt. *São Miguel* hat das am besten entwickelte öffentliche Transportsystem; durch geschicktes Kombinieren und mit viel Geduld können Sie – natürlich nur an mehreren Tagen – einmal um die ganze Insel fahren, und auch hinein in das Dorf von Sete Cidades. Der Lagoa do Fogo bleibt allerdings von öffentlichen Bussen unberührt. Busfahrpläne gibt es in den Tourismusbüros.

CAMPING

Es gibt nur wenige Campingplätze, die annähernd dem mitteleuropäischen Standard genügen. Bei den besseren hat man neben Dusch- (Kaltwasser) und Toilettenräumen noch Grillplätze eingerichtet. Die besten Plätze sind in *Praia da Almoxarife/ Faial, Urzelina/São Jorge* und *Nordeste/São Miguel.* Doch auf allen Inseln gibt es Bereiche, wo das Zelten erlaubt ist, meistens in der Nähe von Badestellen, deren Waschräume dann genutzt werden dürfen. Auf *São Miguel* ist Camping auch in *Sete Cidades* möglich, ein neuer Platz soll zudem bis 1998 in Furnas eingerichtet werden.

DIPLOMATISCHE VERTRETUNG

Honorarkonsulat Deutschland
Leo Weitzenbauer, 18 Tv. Desterro, P-9500 Ponta Delgada, Açores, Tel. 239 35

Honorarkonsulat Österreich
Carlos Viena Botelho, 12/2 Rua Cavalho Araújo, P-9500 Ponta Delgada, Açores, Tel. 276 87

Botschaft der Schweiz
Travessa do Patrocínio 1, P-1000 Lisboa 3, Tel. 01/67 31 21

Schiffsfahrt von Flores nach Corvo

Seit eh und je beherrscht die Familie Augusta das Gewässer zwischen Flores und Corvo. Auch wenn andere Boote hinzugekommen sind, so blieben alle in gleicher familiärer Hand. Einen festen Fahrplan gibt es auch im Sommer nicht, auch keinen Aushang mit den Abfahrtszeiten. Lassen Sie sich entweder im Büro am Kai von Santa Cruz/Flores *(Tel. 522 89)* vormerken, oder bitten Sie die Hotelrezeption, dies zu tun. Wenn es dann gelingen sollte, daß Wetter und Kapitän gutgelaunt und willig sind, haben Sie eine Bootsfahrt von $1^1/_2$ bis 2 Stunden pro Tour vor sich. Man sollte schon ein wenig seefest sein, es geht über den offenen Atlantik, doch Kapitän und Besatzung kümmern sich im Falle eines Falles rührend um angeschlagene Passagiere. Als Tagestour hat man dann auf Corvo 3–4 Stunden Zeit, bis das Boot wieder, unter Anteilnahme aller, den Hafen verläßt. Falls es die See erlaubt, macht der freundliche Kapitän sich und seinen Gästen die Freude, auf einer Tour direkt an der Steilküste entlangzufahren. Ein wahrlich spektakuläres Erlebnis, zwischen den hohen Felsen hindurchzutuckern, die so nahe zusammenstehen, daß eine Passage fast unmöglich scheint. Doch keine Angst, der Kapitän kennt das Gewässer und seinen Weg genau! Manchmal kann man auf dem offenen Meer Delphine beobachten.

EINREISE

Es genügt Personalausweis, Identitätskarte oder Paß.

FAHRRÄDER

Auf São Miguel, Terceira, Faial und Pico kann man Fahrräder leihen *(ca. 1500 Esc./Tag bzw. 10 000 Esc./Woche)*. Die ruhigen Nebenstraßen oder landwirtschaftlichen Wege eignen sich für diejenigen, die Wind und Anstiege nicht scheuen.

FOTOGRAFIEREN

Das Fotografieren ist überall erlaubt, nur einige Kirchen und Museen machen da eine Ausnahme. Moderne Fotogeschäfte mit Filmen jeglicher Qualität gibt es auf allen Inseln außer auf Corvo. Papierbilder werden im Stundendienst entwickelt.

GESUNDHEIT

Apotheken

In allen größeren Orten gibt es *farmácias* (mit grünem Kreuz), werktags *9–13* und *15–19 Uhr* geöffnet. In den größeren Städten sind die Apotheken auch am Samstagvormittag geöffnet, und es existiert ein Notdienst. Im allgemeinen sind die Apotheken sehr gut sortiert.

Ärztliche Versorgung

Größere Krankenhäuser mit Fachärzten und einer Unfallstation für ambulante Behandlung gibt es in *Angra, Horta* und *Ponta Delgada,* kleinere Krankenstationen *(centro de saúde)* auf allen Inseln. Die Behandlung ist gratis für diejenigen, die das internationale Formular eines Anspruchsausweises der Krankenkasse vorlegen. Sonst muß die Behandlung zunächst vor Ort bezahlt werden. Sie kann dann der heimischen Krankenkasse unter Vorlage der Quittungen in Rechnung gestellt werden. Ein einfacher Auslandskrankenschein wird in der Regel nicht akzeptiert! Der überall gültige Notruf ist 115.

JUGENDHERBERGEN

Es gibt zwei moderne Jugendherbergen auf den Azoren:

Pousada de Juventude de Ponta Delgada (São Miguel)

84 Betten in Mehrbettzimmern und zwei Familienzimmer mit Bad. *Rua de S. Francisco Xavier, 9500 Ponta Delgada, Tel. 62 94 31, Fax 62 96 72*

Pousada de Juventude de Angra do Heroísmo (Terceira)

60 Betten in Mehrbettzimmern, ein Familienzimmer mit Bad und Kochecke. *Negrito, São Mateus, 9700 Angra, Tel. 64 20 95, Fax 64 20 96*

MIETWAGEN

Auf allen Inseln bis auf Corvo können Leihwagen gemietet werden. Mietet man tageweise, kommt dann allerdings noch eine Kilometerpauschale hinzu; günstiger ist es, einen Wagen ab drei Tage durchgehend mit unbegrenzten Kilometern zu mieten. Die Preise schwanken je nach Kategorie zwischen 22 000 und 70 000 Esc. für drei Tage mit unbegrenzten Kilometern, hinzu kommen noch Steuern und Versicherung.

Im allgemeinen gelten auf den Inseln folgende Öffnungszeiten: *Mo–Fr 9–12.30 und 14–18.30 Uhr,* die Supermärkte haben oft durchgehend geöffnet. In jedem kleinen Dorf haben außerhalb dieser Zeiten kleine Läden geöff-

net. Oft werden sie in Zusammenhang mit einem Café betrieben. Die Supermärkte *Sol de Mar* (Avenida) und *M. Costa* (Rua E. J. Cordeiro) in Ponta Delgada haben tgl. von *8.30 bis 20.30 Uhr* geöffnet, die zwei *Hypermercados* öffnen ihre Türen *Mo–Sa 9–22* und *So 8.30–13 Uhr.*

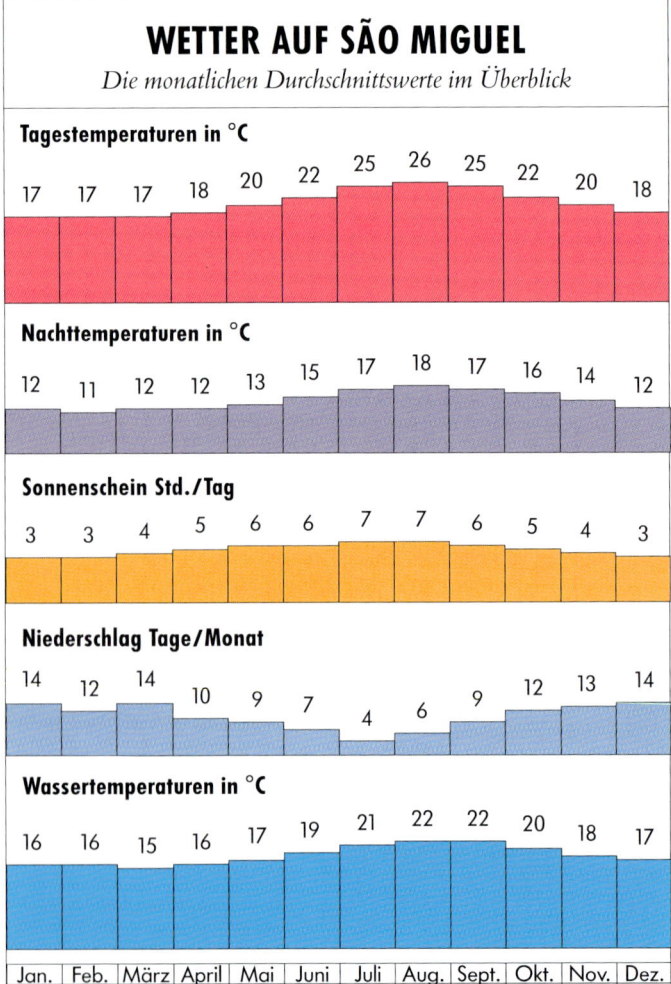

WETTER AUF SÃO MIGUEL
Die monatlichen Durchschnittswerte im Überblick

Tagestemperaturen in °C

Jan.	Feb.	März	April	Mai	Juni	Juli	Aug.	Sept.	Okt.	Nov.	Dez.
17	17	17	18	20	22	25	26	25	22	20	18

Nachttemperaturen in °C

Jan.	Feb.	März	April	Mai	Juni	Juli	Aug.	Sept.	Okt.	Nov.	Dez.
12	11	12	12	13	15	17	18	17	16	14	12

Sonnenschein Std./Tag

Jan.	Feb.	März	April	Mai	Juni	Juli	Aug.	Sept.	Okt.	Nov.	Dez.
3	3	4	5	6	6	7	7	6	5	4	3

Niederschlag Tage/Monat

Jan.	Feb.	März	April	Mai	Juni	Juli	Aug.	Sept.	Okt.	Nov.	Dez.
14	12	14	10	9	7	4	6	9	12	13	14

Wassertemperaturen in °C

Jan.	Feb.	März	April	Mai	Juni	Juli	Aug.	Sept.	Okt.	Nov.	Dez.
16	16	15	16	17	19	21	22	22	20	18	17

POST

Correio oder *CTT* kennzeichnet das Postamt, es hat in allen größeren Ortschaften werktags von *8.30–12.30 und 14–18.30 Uhr,* in Ponta Delgada, Horta und Angra durchgehend und auch Samstagvormittag geöffnet. Die Postämter wechseln Geld bei Vorlage des Postsparbuches. In kleineren Dörfern kennzeichnet der rote Briefkasten mit der Aufschrift *Correio,* daß dort auch ein öffentlicher Fernsprecher ist. 1997 benötigte man für Postkarten und Briefe innerhalb der EU 80 Esc., in die Schweiz 100 Esc.

STROM

Stromspannung 220 Volt.

TELEFON

Telefonieren kann man, außer natürlich von den Hotels, von den Postämtern und Telefonzellen. Da letztere meist nur kleine Münzen (50 Esc.) nehmen, lohnt sich eine Telefonkarte *(Credifone),* die in allen Postämtern, vielen Tabak- und Schreibwarengeschäften und auch in Cafés erhältlich ist *(zu 750 u. 1725 Esc.).* Vorwahl nach Deutschland *0049,* nach Österreich *0043,* in die Schweiz *0041,* wobei dann jeweils die Null der örtlichen Vorwahl weggelassen wird, Vorwahl vom europäischen Ausland nach Portugal *00351.* Vorwahlnummern für São Miguel und Santa Maria *096;* für Terceira, Graciosa und São Jorge *095;* für Pico, Faial, Flores und Corvo *092.* Ein einminütiges Gespräch von den Inseln ins europäische Ausland kostet von *20 bis 8 Uhr 90 Esc./Minute.*

TRINKGELD

Nicht üblich in kleineren Kneipen und Cafés. Das Personal in Hotels und Restaurants sowie die Taxifahrer freuen sich über eine Anerkennung des Services. Im Durchschnitt zwischen 5 und 10 Prozent des Rechnungsbetrags.

TRINKWASSER

Auf Terceira, Pico und São Jorge sollte man das Leitungswasser nicht trinken, wohl aber dasjenige, das dort und auf den anderen Inseln aus den Brunnen am Straßenrand plätschert. Auf den übrigen Inseln kann auch das Leitungswasser problemlos getrunken werden.

ZEIT

Die Azoren liegen der MEZ sommers und winters um zwei Stunden zurück.

ZEITUNGEN

Deutschsprachige Zeitungen und Zeitschriften gibt es regelmäßig nur in Ponta Delgada und auch dort nur veraltet und mit einem Preisaufschlag bis zu 100 Prozent.

ZOLL

EU-Bürger dürfen auf den Azoren gekauften Waren unbegrenzt zollfrei zu Hause einführen, soweit die Menge dem privaten Bedarf entspricht. Bei Rauchwaren und Alkohol gelten Richtwerte: 800 Zigaretten, 400 Zigarillos, 200 Zigarren, 1 kg Tabak; 10 l Spirituosen über 22 Vol%, 20 l Likörwein, Aperitif etc., 90 l Wein.

Bloß nicht!

Worauf Sie achten und was Sie vermeiden sollten

Vor Freundlichkeit zurückschrecken

Vielleicht erscheinen die Einheimischen gerade in ländlichen Gegenden dem Besucher fast zu herzlich. Kommen Sie beispielsweise zur Zeit der Weinernte durch kleine Dörfer, kann es durchaus passieren, daß Sie zu einer Art Hausweinprobe eingeladen werden. Es kommt von Herzen! Zum Abschied werden Ihnen vielleicht sogar zwei Küßchen auf die Wangen gegeben, dies ist nicht anrüchig, sondern freundlich gemeint.

Freundlich gelächelt wird auch, wenn Sie die Kamera zücken. Die Azoreaner lassen sich sehr gerne fotografieren. Nehmen Sie sich Zeit für nette Gesten.

Zu viel touristische Neugier zeigen

Es ist nicht üblich und nicht schicklich, daß die einheimische weibliche Welt in die typischen Männerkneipen geht. Bei Touristinnen wird es toleriert, doch vielleicht überlassen auch die lieber den Herren ihr Reich. In jedem Dorf gibt es ein oder mehrere Cafés, wo sich Einheimische beiderlei Geschlechts treffen. Respekt, und vielleicht sogar Ehrfurcht, verdient auch die tiefe Religiosität, die in sehr ernstgenommenen feierlichen Zeremonien während der Feste und natürlich während der Andachten in der Kirche ihren Ausdruck findet.

Ungeduldig werden

Geduld müssen Sie oft aufbringen. Sei es bei der Post oder auf der Bank, im Restaurant, wenn das Essen nicht so schnell kommt, und auch hinterher, wenn Sie endlich bezahlen wollen. Man wartet geduldig, bis jeder sein Schwätzchen zu Ende gehalten hat.

Auf Heller und Escudo nachrechnen

Nehmen Sie es wie die Insulaner ohne mit der Wimper zu zucken hin, wenn man Ihnen im kleinen Laden oder sogar im computerkassengesteuerten Supermarkt das Wechselgeld nicht auf den letzten Escudo herausgeben kann. Es steckt keine böse Absicht dahinter, es gibt wirklich zuwenig Münzen. Am nächsten Tag kann es umgekehrt sein.

Die Hüllen fallen lassen

Nacktbaden und ein Sonnenbad oben ohne sind absolut verpönt und nicht gestattet. Auch beim Umziehen am Strand läßt man nicht einfach die Hüllen fallen, um die nächsten anzuziehen.

Sprechen und Verstehen ganz einfach

Zur Erleichterung der Aussprache sind alle portugiesischen Wörter mit einer einfachen Aussprache (in eckigen Klammern) versehen.
' vor einer Silbe bedeutet, daß die nachfolgende Silbe betont wird.

AUF EINEN BLICK

Ja./Nein.	Sim. [sing] / Não. [nau]
Vielleicht.	Talvez. [tal'wesch]
Bitte.	Se faz favor. [s fasch fa'wor]
Danke.	Obrigado./Obrigada. [obri'gadu/obri'gada]
Bitte sehr./Gern geschehen.	De nada./Não tem de quê. [d 'nada/nau täi dö ke]
Entschuldigung!	Desculpe!/Desculpa! [dösch'kulp/dösch'kulpa]
Wie bitte?	Como? ['komu]
Ich verstehe Sie nicht.	Não compreendo. [nau kom'prjendu]
Ich spreche nur wenig …	Falo só um pouco de … ['falu so ung 'poku dö]
Sprechen Sie Deutsch?	Fala alemão? ['fala ale 'mau]
Können Sie mir bitte helfen?	Pode ajudar-me, se faz favor? ['podd_aschu'darm s fasch fa'wor]
Ich möchte …	Queria … [kö'ria]
Das gefällt mir (nicht).	(Não) Gosto disto. [('nau) 'goschtu 'dischtu]
Haben Sie …?	Tem …? [täi]
Wieviel kostet es?	Quanto custa? ['kuantu 'kuschta]
Wieviel Uhr ist es?	Que horas são? ['kjorrasch sau]

KENNENLERNEN

Guten Morgen!/Tag!	Bom dia!/Boa tarde! [bong 'dia/'boa 'tard]
Guten Abend!	Boa tarde!/Boa noite! ['boa 'tard/'boa 'noit]
Hallo!/Grüß dich!	Olá! [ol'la]
Wie geht es Ihnen?	Como está? ['komu schta]
Wie geht's?	Como é que vais/estás? ['komu ä k waisch/stasch]
Danke. Und Ihnen/dir?	Bem, obrigado/obrigada. E o senhor/a senhora/você/tu? [bäi obri'gadu/obri'gada. i u sö'njor/a sö'njora/wos'se/tu]
Auf Wiedersehen!	Adeus! [a'de-usch]

Auskunft

links	à esquerda [a 'schkerda]
rechts	à direita [a di'räita]
geradeaus	em frente [äi 'frent]
nah / weit	perto ['pärtu] / longe ['longsch]
Bitte, wo ist …?	Se faz favor, onde é …?
	[s fasch fa'wor 'ond̮ä]
Wie weit ist das?	Quantos quilómetros são?
	['kuantusch ki'lommötrusch sau]

Panne

Ich habe eine Panne.	Tenho uma avaria. ['tenj̮um̮awa'ria]
Würden Sie mich bis zur nächsten Werkstatt abschleppen?	Pode rebocar-me até à oficina mais próxima? ['podd röbu'karm̮a'tä a ofi'sina maisch 'prossima]
Wo ist hier in der Nähe eine Werkstatt?	Há alguma oficina aqui perto? [a al'gum̮ofi'sin̮a'ki 'pärtu]

Tankstelle

Wo ist bitte die nächste Tankstelle?	Se faz favor, onde é a estação de serviço mais próxima? [s fasch fa'wor 'ond̮ä a schta'sau dö sör'wisu maisch 'prossima]
Ich möchte … Liter …	Se faz favor, … litros de … [s fasch fa'wor, … 'litrusch dö …]
… Normalbenzin.	… gasolina normal. [gasu'lina norr'mal]
… Super.	… súper. ['supär]
… Diesel.	… gasóleo. [ga'sollju]
… bleifrei/verbleit.	… sem chumbo/com chumbo. [säi 'schumbu/kong 'schumbu]
… mit … Oktan.	… com … octanas. [kong … ock'tanasch]
Volltanken, bitte.	Cheio, se faz favor. ['scheju s fasch fa'wor]

Unfall

Hilfe!	Socorro! [su'koru]
Achtung!/Vorsicht!	Atenção [aten'sau]
Rufen Sie schnell …	Chame depressa … ['scham dö'präsa]
… einen Krankenwagen.	… uma ambulância. [um̮ambu'langsja]
… die Polizei.	… a polícia. [a pu'lisja]
… die Feuerwehr.	… os bombeiros. [usch bom'bäirusch]
Es war meine/Ihre Schuld.	A culpa foi minha/sua. [a 'kulpa foi 'minja/'sua]
Geben Sie mir bitte Ihren Namen und Ihre Anschrift.	Pode dizer-me o seu nome e o seu endereço, se faz favor? [podd di'serm̮u se-u 'nom̮i u se-u endö'resu s fasch fa'wor]

ESSEN

Wo gibt es hier bitte …	Pode dizer-me, se faz favor, onde há aqui … ['podd di'sermö s fasch fa'wor ond_a a'ki …]
… ein gutes Restaurant?	… um bom restaurante? [ung bong röschtau'rant]
… ein nicht zu teures Restaurant?	… um restaurante não muito caro? [ung röschtau'rant nau 'muitu 'karu]
… ein typisches Restaurant?	… um restaurante típico? [ung röschtau'rant 'tipiku]
Gibt es hier eine gemütliche Kneipe?	Há aqui un bar/um café com um ambiente agradável? [a a'ki 'ung 'bar/'ung 'kafä kong ung am'bjent_agra'dawäl]
Reservieren Sie uns bitte für heute abend einen Tisch für 4 Personen.	Pode reservar-nos para hoje à noite uma mesa para quatro pessoas, se faz favor? ['podd rösör'warnusch 'para 'osch_a 'noit 'uma 'mesa 'para 'kuatru pö'soasch s fasch fa'wor]
Können Sie mir bitte … reichen?	Pode-me dar …, se faz favor? ['podd_mö dar …, s fasch fa'wor]
Messer	faca ['faka]
Gabel	garfo ['garfu]
Löffel	a colher [a ku'ljer]
Auf Ihr Wohl!	À sua saúde! [a 'sua sa'ud]
Das habe ich nicht bestellt.	Não foi isto que eu pedi. ['nau foi 'ischtu ki-eu pe'di]
Bezahlen, bitte.	A conta, se faz favor. [a 'konta s fasch fa'wor]
Hat es geschmeckt?	Estava bom? ['schtawa bong]
Das Essen war ausgezeichnet.	A comida estava excelente. [a ku'mida 'schtawa schsö'lent]

ÜBERNACHTUNG

Können Sie mir bitte … empfehlen?	Se faz favor, pode recomendar-me … [s fasch fa'wor 'podd rökumen'darmö]
… ein gutes Hotel	… um bom hotel? [ung bong ot'täl]
… eine Pension	… uma pensão? ['uma pen'sau]
Haben Sie noch Zimmer frei?	Ainda tem quartos livres? [a'inda täi 'kuartusch 'liwrösch]
ein Einzelzimmer	um quarto individual [ung 'kuartu indiwi'dual]
ein Zweibettzimmer	um quarto de casal [ung 'kuartu dö ka'sal]
mit Bad	com casa de banho [kong 'kasa dö 'banju]
… für eine Nacht.	… para uma noite. ['para 'uma 'noit]
… für eine Woche.	… para uma semana. ['para uma sö'mana]

Arzt

Können Sie mir einen
guten Arzt empfehlen?
Ich habe hier Schmerzen.

Pode indicar-me um bom médico?
['podd͜ indi'karm͜ ung bong 'mädiku]
Dói-me aqui. ['doim͜ a'ki]

Bank

Wo ist hier bitte …
… eine Bank?
… eine Wechselstube?

Ich möchte … DM (Schilling, Schweizer Franken)
in Escudos wechseln.

Onde há aqui … ['ond͜ a a'ki]
… um banco? [u 'banku]
… uma casa de câmbio?
['uma 'kasa dö 'kambju]
Queria trocar … marcos (xelins,
francos suíços) por escudos.
[kö'ria tru'kar … 'markusch (schö'lingsch,
'frankusch 'suisusch) pur 'schkudusch]

Post

Briefmarke
Was kostet …
… ein Brief …
… eine Postkarte …
… nach Deutschland?
Kann ich bei Ihnen ein
Telefax nach … schicken?

selo ['selu]
Quanto custa … ['kuantu 'kuschta]
… uma carta … ['uma 'karta]
… um postal … [um pusch'tal]
… para a Alemanha? ['para͜ alö'manja]
Posso mandar aqui um telefax para …?
[posu man'dar͜ a'ki ung tele'faks 'para]

Zahlen

0	zero ['säru]	20	vinte ['wint]
1	um, uma [ung, uma]	21	vinte e um ['wint͜ i 'ung]
2	dois, duas [doisch, duasch]	22	vinte e dois ['wint͜ i 'doisch]
3	três [tresch]	30	trinta ['trinta]
4	quatro ['kuatru]	40	quarenta [kua'renta]
5	cinco ['sinku]	50	cinquenta [sin'kuenta]
6	seis [säisch]	60	sessenta [sö'senta]
7	sete ['sät]	70	setenta [sö'tenta]
8	oito ['oitu]	80	oitenta [oi'tenta]
9	nove ['noww]	90	noventa [nu'wenta]
10	dez [däsch]	100	cem [säi]
11	onze ['ons]	101	cento e um ['sentui ung]
12	doze ['dos]	200	duzentos [du'sentusch]
13	treze ['tres]	1000	mil [mil]
14	catorze [ka'tors]	2000	dois mil [doisch mil]
15	quinze ['kings]	10 000	dez mil [däsch mil]
16	dezasseis [dösa'säisch]		
17	dezassete [dösa'sät]	1/2	um meio [ung 'meju]
18	dezoito [dö'soitu]	1/3	um terço [ung 'tersu]
19	dezanove [dösa'noww]	1/4	um quarto [ung 'kuartu]

Ementa
Speisekarte

SOPAS	SUPPEN
Açorda [a'sorda]	Brot-und-Knoblauch-Suppe
Caldo verde ['kaldu 'werd]	Portugiesische Kohlsuppe
Canja ['kangscha]	Hühnersuppe mit Reis
Sopa de legumes ['sopa dö lö'gumösch]	Gemüsesuppe
Sopa de peixe ['sopa dö 'päisch]	Fischsuppe
Creme de cenoura ['kräm dö sö'nora]	Karottencremesuppe

ACEPIPES	VORSPEISEN
Amêijoas com limão [a'mäischuasch kong li'mau]	Herzmuscheln mit Zitrone
Caracóis [kara'koisch]	Schnecken
Espargos frios ['schpargusch 'friusch]	kalter Spargel
Melão com presunto [mö'lau kong prö'suntu]	Melone mit Schinken
Pão com manteiga [pau kong man'täiga]	Brot und Butter
Salada de atum [sa'lada d_a'tung]	Thunfischsalat
Sardinhas em azeite [sar'dinjas_äi a'säit]	Sardinen in Olivenöl

PEIXE E MARISCOS	FISCH UND MEERESFRÜCHTE
Amêijoas ao natural [a'mäischuas_au natu'ral]	Herzmuscheln Natur
Atum [a'tung]	Thunfisch
Bacalhau com todos [baka'ljau kong 'todusch]	Stockfisch garniert
Caldeirada [kaldäi'rada]	Fischeintopf
Camarão grelhado [kama'rau grö'ljadu]	gegrillte Krabben
Cataplana [kata'plana]	Gericht aus Muscheln, Fisch bzw. Fleisch, Paprika, Zwiebeln und Kartoffeln

Corvina grelhada [kur'wina grö'ljada]	gegrillter Rabenfisch
Dourada [do'rada]	Zahnbrasse
Ensopado de enguias [ensu'padu d_en'giasch]	Aaleintopf
Espadarte [schpa'dart]	Sägefisch
Filetes de cherne [fi'lätösch dö 'schärn]	Silberbarschfilets
Gambas na grelha ['gambasch na 'grelja]	gegrillte Garnelen
Lagosta cozida [la'goschta ku'sida]	gekochter Hummer
Lavagante [lawa'gant]	Languste
Linguado [lin'guadu]	Seezunge
Lulas à sevilhana ['lulas_a söwi'ljana]	gebackener Tintenfisch
Mexilhões de cebolada [möschi'ljoisch dö söbu'lada]	Miesmuscheln mit Zwiebeln
Pargo ['pargu]	Seebrasse
Peixe espada ['päischö_'schpada]	Schwertfisch
Perca ['pärka]	Barsch
Pescada à portuguesa [pösch'kad_a purtu'gesa]	Schellfisch auf portugiesische Art
Raia ['raja]	Rochen
Salmão [sal'mau]	Lachs
Sardinhas assadas [sar'dinjas_a'sadasch]	gegrillte Sardinen

Bife à portuguesa [bif_a purtu'gesa]	Portugiesisches Rindersteak
Bife de cebolada ['bif dö söbu'lada]	Zwiebelsteak
Bife de peru ['bif dö pö'ru]	Truthahnsteak
Cabrito [ka'britu]	Zicklein
Carne de porco à Alentejana ['karn dö 'porku a alentö'schana]	Schweinefleisch mit Herzmuscheln
Carne na grelha ['karn na 'grelja]/ Churrasco [schu'raschku]	Fleisch vom (Holzkohle-) Grill
Coelho ['kuelju]	Kaninchen
Costeleta de porco [kuschtö'leta dö 'porku]	Schweinekotelett
Escalope à milanesa [schka'lopp_a mila'nesa]	Wiener Schnitzel
Escalope de vitela [schka'lopp dö wi'täla]	Kalbsschnitzel

Fígado de vitela ['figadu dö wi'täla]	Kalbsleber
Frango assado ['frangu a'sadu]	gebratenes Hähnchen
Iscas ['ischkasch]	Leber
Lebre ['läbr]	Hase
Leitão assado [läi'tau a'sadu]	Spanferkelbraten
Língua de vaca ['lingua dö 'waka]	Ochsenzunge
Lombo de carneiro ['lombu dö kar'näiru]	Hammelrücken
Miolos de vitela ['mjolusch dö wi'täla]	Kalbshirn
Pato ['patu]	Ente
Perdiz [pör'disch]	Rebhuhn
Perna de vitela ['pärna dö wi'täla]	Kalbskeule
Pimentões recheados [pimen'toisch rö'schjadusch]	Gefüllte Paprikaschoten
Porco assado ['porku a'sadu]	Schweinebraten
Rins [ringsch]	Nieren
Rolinhos de carne [ru'linjusch dö 'karn]	Rouladen
Rosbife [rosch'bif]	Roastbeef
Sauté de rins [so'te dö ringsch]	Kalbsnierenbraten
Tripas ['tripasch]	Kutteln

LEGUMES	GEMÜSE
Batatas [ba'tatasch]	Kartoffeln
Beringelas fritas [böring'schälasch 'fritasch]	gebratene Auberginen
Bróculos ['brockulusch]	Brokkoli
Cogumelos [kugu'mälusch]	Pilze
Espargos ['schpargusch]	Spargel
Espinafres [schpi'nafrösch]	Spinat
Feijão verde [fäi'schau 'werd]	Schnittbohnen
Grelos ['grelusch]	Weißrübensproß
Pepinos [pö'pinusch]	Gurken

SOBREMESA	NACHTISCH
Arroz doce [a'rosch 'dos]	Milchreis
Compota de maçã [kom'potta dö ma'sang]	Apfelkompott
Gelado misto [schö'ladu 'mischtu]	gemischtes Eis
Leite creme ['läit 'kräm]	Karamelpudding
Maçã assada [ma'sang a'sada]	Bratapfel
Pêra Helena ['pera i'lena]	Birne Hélène
Pudim flan [pu'ding flang]	Karamelpudding
Sorvete [sur'wät]	Fruchteis
Tarte de amêndoa ['tartö d_a'mendua]	Mandelkuchen

Lista de bebidas
Getränkekarte

AGUARDENTES, APERITIVOS, BRANDIES E LICORES	SCHNÄPSE, APERITIFS, BRANNTWEINE UND LIKÖRE
Aguardente de figos [aguar'dent dö figusch]	Feigenschnaps
Bagaço [ba'gasu]	Tresterschnaps
Ginjinha [sching'schinja]	Kirschlikör
Madeira [ma'däira]	Madeirawein
Medronho [mö'dronju]	Baumerdbeerschnaps
Porto ['portu]	Portwein

CERVEJA E VINHO	BIER UND WEIN
Cerveja [ser'wescha]	Bier
Imperial [impö'rjal]	Bier vom Faß
Vinho branco ['winju 'branku]	Weißwein
Vinho tinto ['winju 'tintu]	Rotwein
Vinho verde ['winju 'werd]	leichter Wein mit natürlicher Säure

BEBIDAS NÃO ALCOÓLICAS	ALKOHOLFREIE GETRÄNKE
Água mineral ['agua minö'ral] com/sem gás [kong/säi gasch]	Mineralwasser mit/ohne Kohlensäure
Bica ['bika]	Espresso
Café (com leite) [ka'fä (kong 'läit)]	Kaffee (mit Milch)
Chá com leite/limão [scha kong 'läit/li'mau]	Tee mit Milch/Zitrone
Galão [ga'lau]	Milchkaffee im Glas
Garoto [ga'rotu]	Espresso mit Milch
Laranjada [larang'schada]	Orangeade
Limonada [limu'nada]	Limonade
Sumo de laranja ['sumu dö la'rangscha]	Orangensaft

Reiseatlas Azoren

*Die Seiteneinteilung für den Reiseatlas finden Sie
auf dem hinteren Umschlag dieses Reiseführers*

Ilha do Corvo

O C E A N O

A T L Â N T I C O

★ Ilha das Flores

5 km

1

O C E A N O

2

Horta

Farol da
Ponta da Barca   61   5   **Santa Cruz
da Graciosa**

ER 1

Bom Jesus

*Nossa Senhora
da Vitória*   4   *Senhora da Ajuda*

Vitória   2   4

Baía da Caldeirinha   **17**   **9**   3   Fontes

*Baía
de Lagoa*

GuadalupeFacho

  163   2   375   6

Ribeirinha   **ER 3**   4   Ilhéu da Praia

Almas   Pedras   51

FreiteraBrancas   **Praia**

   398   2.5   Fenais   6

6   199   **ER 1**   **15**

Fajã   Luz   2   *Baía da Engrade*

   1   *Furna do Enxofre*

Baía da Folga   402

Ilha Graciosa   *Baía do
Quarteiro*   3   Ilhéu de Baixo

Angra do Heroísmo

3

4

A T L Â N T I C O   5

6

Ilha Terceira

O C E A N O

Raminho
Altares
Biscoitos
Mata da Serrata
Ponta do Queimado
Serreta
Serra do Laba
Gruta Natal
Lagoa do Negro
Caldeira
34
ER 1-1
Serra de Santa Bárbara
Doze Ribeiras
Santa Bárbara
Nossa Senhora do Pilar
São Bartolomeu de Regatos
Terra Cha
São Mateus da Calheta
Castelo São João Baptista
Monte Brasil

ER 3-1
RER 3-1
ER 3-1

Santa Cruz da Graciosa

17
622
1021
12
P. da Bagacina
638
632
Serra do Ma
205

Ponta do Mistério

1-1
5,5
2
Vila Nova
gualva
21
São
Brás
4,5
5
1,5
Lajes
Ilhéu do Norte
Santa Rita

08
Ito
1
3
Fontinhas
4
2,5
2,5
1,5
Ponta da Má Merenda

gar
arvão
2
2,5
Praia da Vitória ★
30
2,5
3
ra de
458
me Moniz
18
Lagoa do
Junco
545
Serra do Cume
5
Cabo da Praia
ER 2-1
Lagoa do
Ginjal
8
Fonte do
Bastardo
5
Ponta de São Jorge
4
Porto Martins
4
8
ER 1-1

Reguinho
Ribeirinha
20
1
São
Bento
6
Feteira
4
São Sebastião ★
2
Porto Judeu de Baixo
7

ngra do
eroismo
★ ★
Ponta das Contendas

147
Baía
da Salga
Ilhéus das
Cabras

Ilhéu dos Fradinhos

5 km

Ilha do Pico

O C E A N O

Norte Grande
Ponta do Norte Pequeno
Fajã da Ribeira da Areia
Fajã da Penedia
ER 1-2   Norte Pequeno

Ilha de São Jorge

2

Fajã dos Cubres

6

Fajã do Belo   Ponta da Caldeira
                    Igreja Santo Cristo
Fajã da Caldeira
de Santo Cristo
789   Fajã Redonda

os

26   Fajã Entre Ribeiras
                Fajã do Salo Verde
Calheta   3   Fajã do Nortezinho
5
Ribeira Seca   Ponta das Vinhas
    Portal   Fajã dos Cubres
    Fajã dos Vimes   Loural 1
Fajã dos Bodes   17 Loural 2
                      Loural 3
                           ER 2-2   São   Santo
                                    Tomé   Antão
             Fajã de São João   Ilhéu do Topo
                                       Santa Rosa   Topo
             Ponta dos   Fajã do Labaçal
             Monteiros

Serra do Topo

Rib. de São Tomé

A ç o r e s

Angra do Heroísmo

Manhenhas
Ponta da Ilha

N T I C O

5 km

A

1

Ponta da Bretanha
Pilar
Ponta dos Mosteiros
Mosteiros
ER 1-1
Ilhéu dos
Mosteiros
Várzea
Ponta
da
Ferraria
Ginetes
Sete Cidades
Caldeira das Sete Cidades
250
Lagoa Azul
Lagoa Verde
845
Zona de Lagoas
813
Lagoa de Santiago
Pico do Carvão
Lagoa do Carvão
Rasa

2

Candelária
Feteiras
29
Ponta da Fonte Grande

Covoada
Rochas da Relva
Arrifes
Relva
Ponta da Relva
Cão Brás

3

★ **Ponta Delgada**

São Roque

5 km

B

Bretanha
Remédios
Santa Bárbara
23
Santo António
Morro das Capelas
Capelas
São Vicente Ferreira
Pico de Pedra
12
ER 4-1
Fajã de Cima
Fajã de Baixo
Livramento
Praia do Pópulo

Ponta da Lua
Penais

C

Ilha de São Miguel

Ponta do
Ponta do Ermo
Ponta das Calhetas
Rabo de Peixe
Ribeira
Calhetas
13
Ribeira Seca
Rib
Gra
4
Santa Barba
Caldei
Velha
17
ER 3-1
Cabouco
Remédios
7
Lagoa
Atalhada
24
ER 1-1
Água de Pau
Ponta da Água de Pau
Ponta da Galer

4

Ponta Delgada

Ilha de Santa Maria

Ponta dos Frades
Anjos
Ponta do Lobaio

5

Santana
✈ **Aeroporto**
3,5
3

★ **Vila do Porto**
Ilhéu da Vila
Pont
Mar

6

LEGENDE REISEATLAS

Autobahn mit Mautstelle und Anschlußstelle mit Nummer · Rasthaus mit Übernachtung · Raststätte · Erfrischungsstelle · Tankstelle · Parkplatz mit und ohne WC	Stuttgart-Flughafen	Motorway with toll station and junction with number · Motel · Restaurant · Snackbar · Filling-station · Parking place with and without WC
Autobahn in Bau und geplant mit Datum der Verkehrsübergabe	Datum · Date	Motorway under construction and projected with completion date
Zweibahnige Straße (4-spurig)		Dual carriageway (4 lanes)
Sonstige Kfz.-Straße		Road for motor vehicles only
Bundesstraße · Straßennummern	14 · E45	Federal road · Road numbers
Wichtige Hauptstraße		Important main road
Hauptstraße · Tunnel · Brücke		Main road · Tunnel · Bridge
Nebenstraßen		Minor roads
Fahrweg · Fußweg		Track · Footpath
Wanderweg (Auswahl)		Tourist footpath (selection)
Eisenbahn mit Fernverkehr		Main line railway
Zahnradbahn, Standseilbahn		Rack-railway, funicular
Kabinenschwebebahn · Sessellift		Aerial cableway · Chair-lift
Autofähre	●	Car ferry
Personenfähre		Passenger ferry
Schiffahrtslinie		Shipping route
Naturschutzgebiet · Sperrgebiet		Nature reserve · Prohibited area
Nationalpark, Naturpark · Wald		National park, natural park · Forest
Straße für Kfz gesperrt	X X X X X	Road closed to motor vehicles
Straße mit Gebühr		Toll road
Straße mit Wintersperre	XII-II	Road closed in winter
Straße für Wohnanhänger gesperrt bzw. nicht empfehlenswert		Road closed or not recommended for caravans
Touristenstraße · Paß	Weinstraße · 1510	Tourist route · Pass
Schöner Ausblick · Rundblick · Landschaftlich bes. schöne Strecke		Scenic view · Panoramic view · Route with beautiful scenery
Golfplatz · Schwimmbad		Golf-course · Swimming pool
Ferienzeltplatz · Zeltplatz	▲ ▲	Holiday camp · Transit camp
Jugendherberge · Sprungschanze	△ ⚲	Youth hostel · Ski jump
Kirche im Ort, freistehend · Kapelle	♉ ⚶	Churches · Chapel
Kloster · Klosterruine	⛪ ⚶	Monastery · Monastery ruin
Schloß, Burg · Schloß-, Burgruine	⚑ ⚑	Palace, castle · Ruin
Turm · Funk-, Fernsehturm	⚑ ⚑	Tower · Radio-, TV-tower
Leuchtturm · Kraftwerk	⚑ ♪	Lighthouse · Power station
Wasserfall · Schleuse		Waterfall · Lock
Bauwerk · Marktplatz, Areal	▪ □	Important building · Market place, area
Ausgrabungs- u. Ruinenstätte · Feldkreuz	⁖ †	Arch. excavation, ruins · Calvary
Dolmen · Menhir	π ◊	Dolmen · Menhir
Hünen-, Hügelgrab · Soldatenfriedhof	☆ ⊞	Cairn · Military cemetary
Hotel, Gasthaus, Berghütte · Höhle	⌂ ∩	Hotel, inn, refuge · Cave

Kultur

		Culture
Malerisches Ortsbild · Ortshöhe	WIEN (171)	Picturesque town · Height of settlement
Eine Reise wert	★★ MILANO	Worth a journey
Lohnt einen Umweg	★ TEMPLIN	Worth a detour
Sehenswert	Andermatt	Worth seeing

Landschaft

		Landscape
Eine Reise wert	★★ Las Cañadas	Worth a journey
Lohnt einen Umweg	★ Texel	Worth a detour
Sehenswert	Dikti	Worth seeing

118

In diesem Register finden Sie alle im Führer beschriebenen Orte und Ausflugs-
ziele. Kursive Seitenzahlen verweisen auf Fotos, halbfette auf den Haupteintrag.

Was bekomme ich für mein Geld?

Die Landeswährung ist der Escudo (Esc.), der in 100 Centavos unterteilt wird, was jedoch im Alltagsleben wegen des geringen Wertes kaum Bedeutung hat. Die portugiesische Währung wird auch mit dem Symbol $ dargestellt, das dann zwischen dem Escudo- und dem Centavobetrag steht.

Die kleine Tasse Kaffee kostet nur 70 bis 80 Esc., ein Glas Milchkaffee 120 Esc., ein kleines Glas gezapftes Bier 120 Esc., ein großes 140 Esc. In den Cafés bezahlt man für die kleinen Kuchenteile zwischen 80 und 130 Esc., für ein belegtes Brötchen zwischen 110 und 250 Esc. Eine kleine Flasche Mineralwasser kostet 90 Esc., ein Saft 120 Esc. Für eine Flasche Wein mittlerer Qualität verlangt man im Supermarkt ca. 450 bis 500 Esc., für die gleiche im Restaurant ca. 900 bis 1000 Esc. Für den einheimischen *vinho do cheiro* zahlen Sie im Supermarkt 200 Esc. pro Liter, in einer Kneipe 90 Esc. je randvollem Glas. Für eine Postkarte legen Sie je nach Qualität 40 bis 100 Esc. auf den Tresen. Eine einfa-

che Überfahrt Pico–Fial kostet 440 Esc., ein Taxikilometer 45 bei 360 Esc. Mindestgrundpreis. Für eine Tagestour im Taxi mit Zwischenstopps an Aussichtspunkten sollten Sie zwischen 12 000 und 15 000 Esc. einrechnen.

DM	Esc	Esc	DM
1	102	100	1,34
2	204	250	2,69
3	306	500	4,03
4	408	750	5,37
5	510	1.000	6,71
10	1.020	1.500	13,43
20	2.039	2.000	26,85
30	3.059	3.000	40,28
40	4.078	4.000	53,70
50	5.098	5.000	67,13
60	6.117	6.000	80,55
70	7.137	7.500	93,98
80	8.157	10.000	107,40
90	9.176	12.500	120,83
100	10.196	15.000	134,25
200	20.392	25.000	268,50
300	30.587	40.000	402,75
500	50.979	5.0000	671,25
750	76.468	75.000	1.006,88
1.000	101.958	100.000	1.342,50

Bei Scheckzahlung/Automatenabhebung am Urlaubsort berechnet die Heimatbank die obenstehenden Kurse. Stand: Januar 1998